Carlos Eduardo Novaes
& César Lobo

3ª edição
2ª impressão

HISTÓRIA DO

Brasil

PARA PRINCIPIANTES

DE CABRAL A CARDOSO, 500 ANOS DE NOVELA

editora ática

EDITOR
NELSON DOS REIS

EDITOR-ASSISTENTE
IVANY PICASSO BATISTA

PREPARAÇÃO DOS ORIGINAIS
MÁRCIA CRUZ NÓBOA LEME

REVISÃO
MARISE SIMÕES LEAL
IRENE CATARINA NIGRO

COMPOSIÇÃO
JOSÉ APARECIDO A. DA SILVA

EDITORAÇÃO ELETRÔNICA

YAN TAKATA NORMANHA
TON TAKATA NORMANHA
JUN ILYT TAKATA NORMANHA

Impresso nas oficinas da
Gráfica Palas Athena

EDITORA AFILIADA

ISBN 85 08 06524 8

2002

SUMÁRIO

A Dança da História

Digamos que em 1808 o Brasil já dispunha de uma rede de jornais, revistas, emissoras de rádio e televisão. Assim, uma multidão de correspondentes com seus microfones, máquinas fotográficas e câmeras de TV se acotovelava no porto de Salvador, no dia 22 de janeiro, à espera de d. João VI, sua família real e mais 15 mil acólitos. O navio trazendo Sua Majestade de Portugal somente atracaria por volta das 20h15, é claro, para que seu desembarque entrasse "ao vivo" no principal jornal televisivo da colônia.

D. João desceu, sob ruidosos aplausos, e instalou-se diante de uma bateria de microfones para sua primeira coletiva, ainda no porto. Perguntado sobre os motivos de sua transferência para o Brasil, Sua Majestade com certeza encontrou uma maneira mais digna de dizer que fugia das invasões napoleônicas. No dia 28 de janeiro, falando em cadeia nacional sobre o decreto de abertura dos portos no Brasil, também não julgou necessário informar que tal providência visava beneficiar exclusivamente a Inglaterra. Mais à frente, ao incluir o Brasil no Reino Unido de Portugal e Algarves, preferiu elogiar o futuro da colônia a revelar que tudo não passava de uma jogada política para permitir a Portugal participar do Congresso de Viena.

A mídia favorável a d. João deixou de lado as razões da viagem e abriu manchetes: "Sua Majestade chega para ficar!"; "Acaba o monopólio português nos portos!"; "Brasil, de Colônia a Reino!". A mídia de oposição ao Rei (se é que havia) ainda noticiou que d. João se escafedera de Lisboa protegido por quatro navios ingleses, detalhe que não convinha ser lembrado. Durante anos, o que ficou impresso na memória nacional foram os rasgos de generosidade de Sua Majestade, como o de abrir nossos portos às nações amigas. Ninguém jamais lembrou-se de homenagear Napoleão, a verdadeira razão da viagem de d. João.

Não existe História imparcial. Ela dança ao ritmo de seus personagens, seus autores e em muitos casos seus Governos. Os livros editados durante a ditadura Vargas (1930-1945) ou tratavam de justificar o regime — quando não, enobrecê-lo — ou encalhavam nas prateleiras da Censura. Nos anos plúmbeos da ditadura militar (1964-1984) era bem mais prudente ser factual e descritivo do que vasculhar e interpretar as circunstâncias por trás dos fatos.

A parcialidade vem pelas mãos dos vencedores, que desde sempre ajustaram a História aos seus interesses. Se há vencedores, porém, há vencidos e com eles uma outra maneira de contar a História. A história da escravidão no Brasil, narrada do ponto de vista dos negros, pouco ou nada tem a ver (além dos fatos) com o que se lê nos livros mais conservadores. A Guerra do Paraguai nada tem a ver com o que aprendemos, quando contada nos livros paraguaios. A história dos governos de força ganha outra leitura sob a perspectiva dos exilados e perseguidos.

Em uma democracia (formal, que seja), o ponto de vista dos autores — carregado de crenças e convicções — faz a diferença. Na pesquisa para desenvolver o roteiro deste livro dei de cara com um leque de tendências entre os autores, muito mais críticos do que aqueles com quem aprendi a exaltar os heróis de nossa História. Nos meus tempos de escola — que já vão longe — os autores, seja por adesão à história oficial, seja por pretenderem uma isenção impossível, interessavam-se muito mais em reproduzir e valorizar os fatos — a abertura dos portos é um fato. Ponto. — do que informar as circunstâncias que os geraram. Não me lembro de ter sido informado — devo ter faltado à aula — das pressões da Inglaterra para que abolíssemos a escravidão. Apenas me obrigavam a decorar nomes e datas, ou seja, os fatos. Talvez isso explique minha resistência juvenil em aprender História do Brasil.

A professora dizia: "hoje vamos ver as capitanias hereditárias", e logo os donatários caíam de pára-quedas sobre nossas cabeças, sem relação com o passado ou o futuro, e lá tínhamos nós de memorizar os seus nomes e os de suas terras. A divisão da História em capítulos foi estabelecida para facilitar a didática, não para esquartejar os acontecimentos, estancando seu fluxo e isolando as partes do todo. A lembrança que guardo dos bancos escolares é a de que a História do Brasil prescindia de continuidade e recomeçava a cada aula.

À medida que se desprezavam as interpretações pela descrição pura e simples dos fatos tornava-se necessário recorrer aos heróis para fazer "andar" a História. Como em uma corrida de revezamento, os heróis cruzavam os capítulos entregando o bastão para outro, invertendo o processo histórico — são as circunstâncias que criam os heróis e não o contrário — e nos levando à crença de que sem eles o Brasil despencaria no abismo.

A exagerada mitificação de alguns de nossos heróis, supervalorizados à margem das circunstâncias em que foram forjados, transformou a História do Brasil em uma ficção digna dos nossos melhores autores de telenovelas (há exceções). Foi a partir deste cenário mitológico que resolvemos — eu e César Lobo — levar a História para dentro de um estúdio de televisão misturando personagens de diferentes épocas, fazendo-os atores de um novelão sem fim.

Sem trair os fatos, o livro afasta-se da história oficial seguindo o curso da consciência dos seus autores. Longe de abranger todos os fatos e circunstâncias — ou produziríamos uma enciclopédia — sobrevoamos em velocidade frenética os acontecimentos que desaguaram nos mais relevantes momentos da História.

Dedico este livro a um amigo falecido há mais de 20 anos, Oduvaldo Viana Filho, o Vianinha, ator e dramaturgo de sucesso, responsável pela retomada do meu interesse pela História do Brasil. Uma tarde em conversa nos corredores da TV Globo ele me disse que todas as noites se dedicava um pouco à leitura de nossa História. Curioso diante do inusitado (convenhamos que não é uma prática comum), perguntei-lhe:

— Para quê? Por quê?

Vianinha respondeu-me que "para conhecer o Brasil de hoje" (vivíamos o pior período da ditadura militar) ele precisava saber como tinha sido o Brasil de ontem. Desde então me convenci de que para conhecer e entender um pouco deste país tão injusto e contraditório teria de mergulhar na História ou continuaria a me relacionar com o Brasil como com um ser sem passado. Os países, como as pessoas, são no presente a soma do seu passado. Para saber o que fomos e — quem sabe? — para onde vamos, convidamos também os leitores a esquecer a História dos bancos escolares e dar um mergulho nas correntezas deste rio por onde passam nossas vidas.

Carlos Eduardo Novaes
Rio de Janeiro, verão de 1997

1

Por Trás da Descoberta

QUEM descobriu o Brasil quase todos sabem; QUANDO foi descoberto o Brasil, algumas pessoas sabem, mas o que pouca gente sabe é: POR QUE descobriram o Brasil?

PORQUE, OITO ANOS ANTES, HAVIAM DESCOBERTO A AMÉRICA...

... E NÓS ADORAMOS IMITAR OS AMERICANOS!!!

O Brasil não foi descoberto por acaso. Sua descoberta resulta de uma série de movimentos anteriores da História que se ajustaram de forma a fazer com que naquele 9 de março de 1500 um almirante português deixasse um porto português à frente de 13 navios portugueses (dois deles financiados por mercadores italianos) com destino às Índias, via Porto Seguro.

Dá para pensar que caso tais fatos e circunstâncias históricas não tivessem se encaixado do jeito que se encaixaram, o Brasil ainda poderia ter levado algum tempo para ser descoberto.

Um exemplo (entre muitos) dessas circunstâncias históricas foi a presença dos italianos no mar Mediterrâneo. Controlando a rota para o Oriente, eles obrigaram os portugueses a procurar outros caminhos para fazerem seus negócios.

O Brasil na verdade é fruto do que ficou conhecido na História como Revolução Comercial. Um período que provocou profundas mudanças na Europa a partir do século XV e acabou por transformar literalmente a face da Terra.

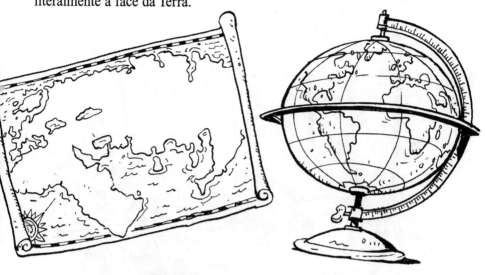

EU ERA ASSIM...   ...FIQUEI ASSIM!

Na base dessas transformações está um novo modelo de relações econômicas que toma o lugar do ingênuo Feudalismo, um sistema rural voltado para a subsistência. Os produtos e mercadorias adquirem um valor e passam a ser negociados. Entra em cena o Capitalismo.

LUCRO A VI$TA!

Para que os portugueses chegassem ao Brasil, no entanto, algumas questões práticas também tiveram de ser superadas. Por exemplo: foi preciso que, antes, eles "descobrissem" o oceano Atlântico.

Para explorar o Atlântico, porém, eles precisavam contar com o aperfeiçoamento dos instrumentos de navegação como o astrolábio, o sextante (invenções gregas), a evolução da cartografia e o aparecimento da bússola, inventada pelos chineses e trazida do Oriente pelos árabes.

O Atlântico, no entanto, não poderia ser desbravado sem que antes inventassem a caravela, uma embarcação com leme e velame mais desenvolvidos, capaz de enfrentar a navegação em alto-mar.

Para construir a caravela, aperfeiçoar os instrumentos e explorar o Atlântico foi preciso que, antes, a Terra ficasse pequena para a burguesia mercantil. Buscando ampliar seus negócios, ela se lançou ao mar à procura de novos mercados.

Os italianos, como já vimos, dominam o Mediterrâneo, e os portugueses, sem muita escolha na época, resolvem explorar o continente africano. Chegam ao cabo Bojador em 1434, ao Senegal em 1450, ao Congo em 1483. Cinqüenta anos de navegação e os portugueses continuam descendo a costa ocidental da África.

E lá se vai Bartolomeu Dias com três navios à procura do extremo sul da África, ponto de encontro dos oceanos Atlântico e Índico. Em fevereiro de 1488, Bartolomeu — que mais à frente fará parte da esquadra de Cabral — cruza o cabo das Tormentas.

Na surdina, Portugal já estava à procura de um caminho alternativo para as Índias desde que os turcos conquistaram, em 1453, o Império Romano do Oriente, bloqueando o Mediterrâneo aos europeus. Esse episódio ficou conhecido como a Queda de Constantinopla e marcou o fim da Idade Média.

Após a viagem de Bartolomeu, o interesse pelo caminho das Índias parece declinar. Os portugueses estão satisfeitos com seus negócios na África, onde estabelecem entrepostos e ganham dinheiro comercializando ouro, marfim, especiarias e escravos.

Só em 1498 — 10 anos depois de Bartolomeu — o almirante Vasco da Gama — personagem central de *Os Lusíadas*, de Luís de Camões — zarpa com quatro navios e 150 homens a ver o que havia para além do cabo da Boa Esperança (ex-Tormentas).

A descoberta de Vasco da Gama significa para Portugal acertar os números da Sena (acumulada). O país, que já ganhava um dinheirinho na África, enriquece com o novo mercado e se torna a primeira potência marítima do mundo no início do século XVI. Seus domínios se estendem da costa oriental da África até Macau, na China.

E o Brasil? O Brasil entrou meio que na contramão dos interesses portugueses ao ser descoberto na mesma época em que eles se empenhavam para consolidar seu império no oceano Índico (sob controle a partir de 1505).

Intriga o fato de os portugueses terem passado 10 anos — de Bartolomeu a Vasco da Gama — sem uma única viagem digna de registro. Alguns historiadores afirmam que nesse período eles estiveram no Brasil com uma expedição da qual participou o nobre Duarte Pacheco Pereira.

Ainda hoje circulam versões de que Pedro Álvares Cabral ao fundear sua esquadra na baía de Cabrália (e Duarte Pacheco Pereira estava com ele) já deu de cara com o português João Ramalho.

Há suspeitas de que Portugal, antes de enriquecer, já soubesse da existência de terras do outro lado do Atlântico, ou não iria brigar por mais 370 léguas a oeste da ilha de Cabo Verde na assinatura do Tratado de Tordesilhas em 1494, antes portanto da descoberta do Brasil.

O Tratado de Tordesilhas foi assinado pela rainha Isabel I, de Castela, e pelo rei João II, de Portugal, dois anos depois de Colombo ter descoberto a América e seis anos antes de Cabral chegar ao Brasil. Pelo tratado, Espanha e Portugal dividiram o mundo em duas grandes áreas de influência.

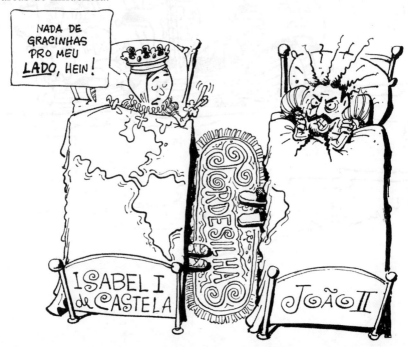

A Espanha se lançou ao mar muito depois de Portugal, e suas expedições seguiam outro rumo. Enquanto os portugueses foram costeando a África (no sentido dos meridianos), os espanhóis, com o genovês Cristóvão Colombo à frente, cruzaram o Atlântico de leste para oeste (no sentido dos paralelos), pretendendo chegar à Índia pelo outro lado.

Colombo voltaria outras três vezes ao Novo Mundo e morreria em 1506 jurando que tinha estado na Índia. Seu nome só entrou para a História porque teve a sorte de encontrar a América no lugar da Índia. Colombo, porém, não foi o único a estar errado.

Nessa época das grandes navegações, ao lado do crescimento da atividade comercial (o mercado nunca se expandiu tanto), a Europa experimenta uma grande efervescência artística, cultural e filosófica com a Renascença, o pensamento científico substituindo a fé religiosa como critério da verdade.

A Renascença surge com a burguesia italiana impondo-se à aristocracia feudal no século XV e irradia-se depois por toda a Europa. No início do século XVI, a Europa já vai longe na sua História. Eis o que fazem alguns conhecidos personagens no ano em que o Brasil é descoberto.

Enquanto o mundo gira, os lusitanos rodam, e Cabral deixa Lisboa com a maior esquadra que Portugal jamais lançara ao mar para uma nova viagem à Índia. No meio do caminho dá uma passadinha por aqui, a 22 de abril de 1500, para nos descobrir.

2

Os Primeiros (trôpegos) Passos

O primeiro pedacinho do Brasil a ser descoberto é o monte Pascoal, assim chamado por ter sido encontrado num domingo de Páscoa. O nome do marinheiro que o avistou submergiu na História porque nas descobertas, como nas guerras, todas as glórias vão para os comandantes.

A esquadra ancora em Porto Seguro, sul da Bahia, e Cabral envia alguns marinheiros à terra — os comandantes sempre mandam alguém na frente — para saberem se há índios canibais e quartos disponíveis para 1 300 pessoas.

Cabral, Senhor de Belmonte e alcaide-mor de Azurara, desembarca e com sua larga experiência em acidentes geográficos percebe logo que está sobre uma ilha (séculos depois um general-presidente chamará o Brasil de "Ilha da Tranqüilidade").

Cabral passa uma semana em terra. Suspeita-se que tenha dançado lambada e comprado peças de artesanato, mas de certo mesmo só a cruz que mandou erguer com o brasão de Portugal para ninguém ter dúvidas quanto ao novo proprietário das terras.

Depois da realização de duas missas — 26/4 e 1/5 —, Cabral deixa Vera Cruz rumo às Índias, destino final da viagem. Chega de volta a Lisboa em 21 de julho de 1501 e, por alguma razão (talvez punido pela mancada da "ilha"), nunca mais comandará sequer um pedalinho.

Bem que Cabral se esforçou para voltar aos mares. Chegou a passar oito meses preparando uma nova expedição, mas na última hora foi substituído por Vasco da Gama. Afasta-se da Corte e vai viver na sua pequena propriedade em Santarém, onde morre em 1520.

Antes de seguir para as Índias, porém, Cabral manda retornar a Portugal um de seus navios, comandado por Gaspar de Lemos, levando notícias da descoberta. São várias cartas, entre elas uma do próprio Cabral e outra do escrivão Pero Vaz Caminha, o único documento que restou da descoberta.

O rei d. Manuel nem espera Cabral retornar a Portugal e já despacha Gaspar de Lemos de volta com uma expedição exploradora para conhecer melhor a terra descoberta.

Gaspar de Lemos percorre a costa, do cabo de São Roque no Rio Grande do Norte até o cabo de Santa Maria, no Uruguai. É possível que após a viagem de Gaspar, a "ilha" de Vera Cruz tenha se tornado Terra de Santa Cruz (nome que aparece na carta do rei de Portugal aos reis de Espanha). A História também não é clara sobre a época em que viramos Brasil, nome justificado pela existência abundante de uma árvore leguminosa, o pau-brasil, no litoral.

Em 1503, uma nova expedição, dessa vez comandada por Gonçalo Coelho, traz de volta Américo Vespúcio, que já viera em 1501 com Gaspar de Lemos. Vespúcio deixa a Bahia e segue para o sul, fundando a primeira feitoria (simples depósito para as coisas da terra) na região de Cabo Frio.

Vespúcio, piloto florentino famoso em sua época, faz o maior *marketing* do Brasil nas suas cartas, elogiando o clima e a natureza (os índios não). Atribui-se a ele uma expressão que ficou conhecida: "Pensei estar nas cercanias do Paraíso Terrestre".

A expedição de 1503 é financiada por Fernando de Noronha (que depois virou ilha). O comerciante ganhou da Coroa a primeira concessão para o comércio de pau-brasil (em troca deveria construir uma fortaleza e enviar seis navios por ano ao Brasil). Usado como corante na Europa, o pau-brasil é a única fonte de lucros que os portugueses encontram na terra descoberta.

Convém não esquecer os índios, que já estão aqui quando os portugueses chegam (vivendo na era da Pedra Polida) e são tão explorados quanto o pau-brasil. Usados como mão-de-obra para cortar e carregar madeira, em troca recebem bugigangas trazidas da Europa.

A bem da verdade os portugueses não se animam muito com a nova possessão. Justifica-se: uma terra que só tem pau-brasil e aves exóticas não proporciona os mesmos lucros que os artigos do Oriente.

Entusiasmados com suas novas rotas orientais, os portugueses querem mesmo é ampliar seus domínios. Em 1510 conquistam Goa, na Índia; em 1511, Malaca, na Malásia; em 1516, Ormuz, no Golfo Pérsico; depois chegam à China e mais tarde ao Japão (1543).

E o Brasil teria permanecido esquecido sabe-se lá até quando, não fosse mais uma circunstância adversa aos portugueses e que muda o curso da nossa História: a ação de piratas franceses que aparecem por aqui recolhendo pau-brasil e aliciando os indígenas.

D'APRÈS: "FAMÍLIA DO CHEFE CAMACÃ" de J. B. DEBRET

   Os franceses tornam-se tão presentes que os índios já sabem distingui-los dos portugueses: chamam estes de *peró* e aqueles de *maire*. Com o tempo os europeus estabelecem um racha entre as tribos: os tupinambás se juntam aos franceses e os tupiniquins aos portugueses.

   Sob o risco de perderem seu quintal, os portugueses tratam de voltar os olhos para o Brasil. Em 1516, enquanto conquista Macau, no outro extremo do mundo, a Coroa envia Cristóvão Jacques ao Brasil, para fundar uma feitoria em Itamaracá, Pernambuco.

Os franceses continuam seu contrabando na maior cara-de-pau (brasil), pois o rei de França, Francisco I, diz desconhecer "o testamento de Adão deixando o mundo para Portugal e Espanha". O governo português muda os planos e decide criar núcleos de povoamento em todo o litoral brasileiro.

Martim Afonso de Souza chega em 1530 com cinco navios para iniciar a colonização. Percorrendo a costa ele vai encontrando portugueses vivendo entre os índios: Diogo Álvares, o Caramuru, na Bahia; Antonio Rodrigues em São Vicente; João Ramalho em Piratininga...

Parecendo farejar a força de São Paulo, Martim Afonso funda as primeiras vilas do país em São Vicente (litoral) e Piratininga (planalto), onde planta canaviais e constrói os primeiros engenhos que produzirão açúcar para o mercado externo.

Um parêntese: a idéia de investir no Brasil, além da preocupação com os franceses, decorre das dificuldades financeiras que Portugal começa a enfrentar com o alto custo para manter seu império na África e na Ásia e a concorrência crescente de Inglaterra e Holanda no comércio com o Oriente.

É a notícia da descoberta de ouro e prata na América espanhola que deixa os portugueses assanhados e cheios de esperanças. Martim Afonso organiza várias expedições e uma delas vai até o estuário do rio da Prata.

A solução das vilas também não dá certo. O litoral brasileiro precisa ser povoado rapidamente e, pela sua extensão (e população de Portugal), a tarefa se configura impossível.

Receoso de fazer grandes investimentos (até porque suas finanças estão minguando), o governo português decide instituir no Brasil o mesmo sistema que aplicou com sucesso nos Açores, um conjunto de ilhotas no Atlântico.

3

Capitanias Nada Hereditárias

O Brasil é loteado e dividido em 15 capitanias (também ditas vitalícias) pelo rei João III, o Piedoso, seguro de que com elas estará encontrando a melhor solução para… Portugal.

Na verdade a Coroa não tem dinheiro para bancar a colonização e, assim, a partir de 1534 oferece o Brasil — retalhado — a membros da burocracia e da pequena nobreza, que deverão explorar a terra com seus próprios recursos. Creiam: é a primeira experiência de privatização do país.

As capitanias cobrem toda a extensão do Brasil, que na época vai do Maranhão à costa de Santa Catarina (em função do Tratado de Tordesilhas). Só os irmãos Souza, Martim Afonso e Pero Lopes, ficam com cinco lotes (um terço do total).

É claro que o Rei não entrega tudo de mão beijada. A Coroa tira sua parte, exigindo 10% dos produtos da terra, 20% das pedras e metais preciosos e o monopólio do pau-brasil.

Os donatários, como qualquer súdito, estão sujeitos às Ordenações do Reino, não podem cunhar moeda nem se desviar da Igreja Católica. O Rei, porém, na sua infinita bondade, autoriza-os a criar vilas, administrar a justiça, organizar a defesa, cobrar impostos e ficar com todas as salinas e engenhos.

O dinheiro é escasso, os colonos ainda são poucos e as zonas rurais, com gado — as primeiras cabeças são trazidas de Cabo Verde — e agricultura, concentram uma população maior que as vilas, movimentadas apenas nas festas religiosas e nas eleições municipais.

Eleições sim, mas com um detalhe: os membros das Câmaras Municipais são escolhidos apenas entre os homens bons.

Percebe-se que vem de longe o caráter elitista do governo no Brasil. Comerciantes, estrangeiros, judeus e todos aqueles que exercem atividades manuais não podem participar das eleições, sempre realizadas na época do Natal.

Os membros das Câmaras, chamados de oficiais, discutem preços, tributos, segurança, abastecimento, limpeza pública e tudo o mais. Dão um duro dos diabos para organizar a vida numa terra sem passado e — acreditem — não recebem um tostão pelo seu trabalho.

Sem recursos financeiros do Estado e diante de imensas extensões de terra (as capitanias têm de 250 a 650 km de largura), os donatários só encontram uma saída: plantar. Mas plantar o quê? Um produto que tenha boa aceitação no mercado internacional.

O açúcar, desde as Cruzadas, já era consumido na Europa, onde chegou por meio dos árabes. Artigo de luxo, alcançando altos preços no mercado internacional, o açúcar chega a ser utilizado como moeda, dote de casamento e herança.

A agroindústria açucareira se expande, sobretudo no Nordeste, com seu clima quente e solo de massapê. Em 1570 existem 60 engenhos entre Itamaracá e São Vicente, e no século XVII o Brasil se tornará o maior produtor mundial de açúcar.

A *grande propriedade* é fundamental para o sucesso do açúcar, assim como a utilização maciça do trabalho escravo. A indústria açucareira desenvolve uma organização social "aristocratizante", baseada em forte distinção de classes, tendo à frente o senhor de engenho.

Como se vê, as primeiras manifestações econômicas do país se apóiam na agricultura de exportação, seguindo o clássico modelito para as colônias que devem complementar a economia das metrópoles sem jamais concorrer com elas.

Embora todas as capitanias tenham sido doadas na mesma época — exceção à de São Vicente, de Martim Afonso — e debaixo das mesmas condições, umas prosperam mais do que outras. Algumas nem chegam a sair do papel.

Apenas duas capitanias são bem-sucedidas, ambas nas mãos de fidalgos (e não de burocratas): a de São Vicente e a de Pernambuco (ou Nova Lusitânia), de Duarte Coelho, herói das conquistas na Ásia que vem com a família e funda Olinda, que será a vila mais rica e populosa da colônia.

As razões do fracasso da maioria das capitanias são muitas: dificuldades de financiamento, falta de recursos dos donatários, grandes extensões dos lotes, a distância da Metrópole e sobretudo o sistemático ataque de índios e franceses.

O sistema de capitanias no entanto continua, mesmo depois da implantação do Governo-geral, em 1549. As capitanias hereditárias vigoram por dois séculos e meio, convivendo com as capitanias reais (cujo capitão-mor é nomeado pelo Rei). Mais à frente elas desaparecerão para dar lugar às províncias, das quais resultarão os atuais estados da federação.

Sobre os franceses cabem mais algumas palavras: eles, que azucrinaram a vida dos portugueses, já em 1504 desembarcavam por essas bandas para recolher pau-brasil com a expedição de Binot Paulmier de Gonneville.

Daí em diante há sucessivas investidas. Os franceses sentem-se tão donos do pedaço que em 1550 realizam na cidade de Ruão, às margens do Sena, uma "Festa Brasileira", com a presença de índios, macacos e papagaios, levados, é claro, do Brasil.

A partir de 1555, com a chegada da esquadra de Durand de Villegaignon à baía de Guanabara, os franceses passam a assustar muito mais os portugueses. Isso, porém, veremos adiante. No momento, eles só estão interessados em roubo e pirataria.

O projeto das capitanias hereditárias definitivamente não dá certo, e o governo português vai reincorporando-as (nem todas) à Coroa. Esboroam-se os planos de descentralização administrativa da colônia.

Ainda que algumas capitanias permaneçam ativas, Portugal muda sua política para o Brasil, cria a figura do Governador-Geral e com isso estabelece uma administração centralizada.

4

Escravidão, Um Bom Negócio

Enquanto o Governador-Geral não chega, vejamos como se constrói o Brasil, pois os nobres portugueses não deixaram a terrinha para vir fazer força do outro lado do Atlântico. Quem planta a cana? Limpa o estábulo? Movimenta o engenho? Quem, enfim, salga o solo com suor?

Os índios estão ao alcance das mãos e são escravizados logo no início da colonização, por volta de 1534, com o advento das capitanias hereditárias. A escravização se dá por meio da compra, pelos portugueses, de prisioneiros resultantes das guerras tribais.

Desnecessário dizer que são os portugueses (e às vezes os franceses) — sem braços para a lavoura e a extração de madeira — que estimulam a intriga entre as tribos e ensinam a seus aliados o que fazerem com os índios derrotados.

Nem sempre foi assim, porém. Desde que Cabral apareceu e pelos 30 anos seguintes não houve relação de domínio (os interesses econômicos ainda não haviam se organizado). Índios e brancos se entendiam num sistema de escambo (troca) que não feria a estrutura social dos indígenas nem sua autonomia tribal. Estavam lado a lado.

A partir da instituição das capitanias, que ocupam toda a extensão do país, os donatários portugueses passam a se considerar donos da terra e batem de frente com os índios, que habitam o litoral desde muito antes da descoberta.

Os donatários portugueses avançam nas áreas indígenas com seus pastos e plantações, e os índios, sem saberem o endereço das "reservas" (que ainda não haviam sido criadas) e sem condições de enfrentá-los numa guerra, vão recuando cada vez mais para o interior do país.

Mais do que a chegada dos colonos, é a escravização que desintegra o modo de vida das tribos indígenas. Eles morrem às centenas de doenças transmitidas pelos brancos. Só na Bahia, em 1563, uma epidemia de varíola mata cerca de 30 mil índios.

Os portugueses escravizam os índios com a maior naturalidade, sem qualquer problema de consciência, sob a justificativa de que os silvícolas não fazem parte da humanidade. São quase uns bichos!

A escravização assume tais proporções que em 1537 o papa Paulo III lança uma carta apostólica chamada *Veritas Ipsa* dirigida à América espanhola, declarando que os índios são iguais a todos os homens, capazes para a fé católica e, portanto, não podem ser escravizados.

Com a chegada dos primeiros jesuítas inicia-se um racha entre a Igreja Católica e o Estado português. Tem início uma intensa disputa entre padres e colonos que só vai terminar com a expulsão dos missionários do país (1760). Em 1570, d. Sebastião, rei de Portugal, restringe a escravização dos índios, que no entanto prosseguirá por baixo do pano (ou da tanga).

A vinda do escravo negro para o Brasil é uma questão de tempo. Desde o início do século XV os portugueses, dominando a costa da África, utilizam-se dessa mão-de-obra nos canaviais das ilhas da Madeira, Açores, Cabo Verde. Além do que, o tráfico negreiro vai se tornando uma atividade das mais lucrativas.

O escravo africano é de fácil adaptação, ajusta-se à agricultura, conhece os metais (ao contrário dos índios) e para sua escravização não há nenhuma oposição por parte dos jesuítas.

D'APRÈS: *"DESEMBARQUE DE ESCRAVOS No RIO DE JANEIRO"*
DE J. M. RUGENDAS

Foram mais de três milhões de negros (alguns autores falam em seis, outros chegam a 13 milhões) em três séculos de tráfico (de 1530 a 1850). Acredita-se que Martim Afonso foi o introdutor desse personagem na História do Brasil.

No início, Portugal, mais interessado no tráfico para a América espanhola, não permite o comércio de africanos para o Brasil. Tanto que em 1542 Duarte Coelho, donatário de Pernambuco, chega a pedir autorização à Coroa para adquirir por conta própria 120 escravos na Guiné.

Somente em 1559 Portugal inaugura oficialmente o tráfico negreiro para o Brasil. Os negros são marcados com ferro em brasa, acorrentados e enviados para presídios do litoral africano, de onde embarcam para o Novo Mundo. Cada senhor de engenho está autorizado a comprar uma centena de africanos.

Os negros são trazidos em navios especiais, amontoados nos porões e, para reduzir o índice de mortalidade entre eles, durante a viagem são obrigados a fazer exercícios. Esta dança ritmada no tombadilho será parte do célebre poema de Castro Alves (1847-1871), "O Navio Negreiro".

Vendidos em mercados, sem nenhuma consideração pelos laços de parentesco, os negros são aproveitados na lavoura, na pecuária e em trabalhos domésticos — sua vida "útil" vai de sete a dez anos — e tornam-se "as mãos e os pés" dos senhores de engenho. Com eles expande-se a cultura canavieira.

À medida que se desenvolve a agroindústria açucareira — os 60 engenhos de 1570 saltam para 230 no século XVII —, o tráfico de escravos se intensifica e cresce ainda mais com o fechamento dos portos nas Índias Espanholas (Cuba, República Dominicana, Porto Rico) para Portugal.

Os escravos africanos pertencem basicamente a dois grupos: os sudaneses (entre eles os iorubas, minas e jejes), introduzidos na Bahia, e os bantos (os angolas, benguelas, cabindas), trazidos para o Maranhão, Pernambuco e Rio de Janeiro. Aqui eles têm sua cultura descaracterizada pelos colonizadores.

Os colonizadores sabem que a dominação cultural é a forma mais eficaz de controle sobre os povos subjugados. Mesmo assim os negros vão deixar sua marca na formação do país (na língua, música, religião, culinária, etc.), resistindo sempre ao cativeiro.

Os quilombos são aldeias formadas por negros fugitivos que ali vivem em liberdade. Começam a proliferar no início do século XVII e tornam-se uma ameaça à ordem escravagista da colônia. São, assim, violentamente reprimidos.

Mesmo sob a mira dos colonizadores, os quilombos existirão até as vésperas da Abolição da Escravatura. O mais importante deles é o dos Palmares, na serra da Barriga (entre Alagoas e Pernambuco), que chegou a ter 20 mil habitantes e por longo tempo resistiu ao cerco colonialista.

Os negros continuarão sendo trazidos durante os séculos XVIII e XIX, mesmo depois da Independência do Brasil e do fim oficial do tráfico. D. Pedro I teme que a súbita extinção do comércio negreiro desgoste os fazendeiros e desorganize o país (nas suas relações de produção, bem entendido).

A Abolição da Escravatura só irá ocorrer em 1888 e assim será registrada mais à frente. No momento, a História do nosso Brasil retorna ao seu leito cronológico com a chegada do… Governador-Geral!

5

O Nordestino Quase Vira Holandês

Tomé de Souza, veterano militar que combatera na Índia e na África, desembarca na capitania da Bahia em março de 1549 trazendo o título inédito de Governador-Geral do Brasil. Sem perder tempo, no mesmo ano funda Salvador, primeira capital do país.

Junto com Tomé de Souza chegam 900 pessoas, entre colonos, soldados, degredados e mais autoridades e funcionários para formar o tal Governo-geral. Com eles vem também o primeiro grupo de jesuítas (seis), que liderado pelo padre Manuel da Nóbrega funda escolas — entre elas a primeira do Brasil, em Salvador —, adentra o sertão e se empenha em catequizar os índios.

Podia ser grego ou hebraico e explica-se: os portugueses evitam ensinar a língua portuguesa para dificultar a comunicação com os colonos, que indiferentes ao papel da Igreja só estão interessados em explorar sexualmente as índias e escravizar os índios.

(✳) LIBERDADE AINDA QUE TARDIA!

Registre-se que todo o ensino na época do Brasil Colônia permanecerá nas mãos dos padres católicos, únicos educadores do país. É uma educação nos moldes europeus, inteiramente voltada para a religião, sem qualquer utilidade para a vida prática.

Em 1553 chega o segundo governador, Duarte da Costa, ex-presidente do Senado de Lisboa, que traz 250 homens e faz uma administração tumultuada pelas brigas entre colonos e jesuítas. É durante o seu governo que os índios caetés comem o bispo d. Pero Fernandes Sardinha, após um naufrágio no litoral de Alagoas, quando retornava a Portugal.

Com Duarte da Costa vem o noviço José de Anchieta, de 19 anos. Anchieta faz de tudo: professor, tradutor, refém, escritor — escreve a primeira gramática em língua tupi —, co-fundador do Rio de Janeiro e de São Paulo. Poucos homens trabalharam tanto por este país nos tempos da colonização.

Os jesuítas porém tiveram uma participação controvertida na colonização. Resistem à escravização dos índios mas impedem a livre circulação das idéias. Ao expulsá-los, o marquês de Pombal culpou-os pelo isolamento das colônias e o atraso de Portugal ante os demais países da Europa.

De qualquer forma são os padres da Companhia de Jesus que fundam em 1554 o Colégio dos Jesuítas em Piratininga, dando origem à vila de São Paulo, a única até o final do século XVI distante do litoral.

Mem de Sá, terceiro governador, chega em 1558 nomeado por três anos, mas acabará ficando 15 no Brasil. Faz uma administração tão brilhante que recebe o apelido de Pai da Pátria. Seu maior feito será a expulsão dos franceses do Rio de Janeiro.

Ao desembarcar, Mem de Sá já encontra o pau comendo no Rio de Janeiro e em São Paulo entre os índios tamoios e os colonizadores. No Rio, os índios recebem o apoio dos franceses, que em 1555 — três anos antes da chegada de Mem de Sá — ocupam o litoral carioca e fundam a França Antártica.

Tudo o que acontece no Brasil decorre dos acontecimentos na Europa. Dessa vez a vinda dos franceses resulta das guerras da Reforma Protestante, e a intenção da expedição de Villegaignon é fundar aqui uma colônia que abrigue os calvinistas (seguidores da doutrina protestante de João Calvino).

Os franceses resistem por 12 anos e só são expulsos em 1567 por Estácio de Sá, sobrinho do governador. Por sua participação na luta ao lado dos portugueses, o índio temiminó Araribóia recebe um pedaço de terra (sesmaria), onde funda a vila de São Lourenço, que dará origem à cidade de Niterói.

Sim, porque a cidade já havia sido fundada em março de 1565 por Estácio de Sá, que lhe dá o nome de São Sebastião do Rio de Janeiro. Situada entre os morros Cara de Cão e Pão de Açúcar (depois transferida para o morro do Castelo), a cidade serve de base de operações na luta contra os franceses.

Mem de Sá governa até sua morte (1572). Um ano depois a Coroa muda mais uma vez sua política para o Brasil, dividindo o país em dois. O Brasil do Norte, com a capital em Salvador, e o Brasil do Sul, com a capital no Rio de Janeiro.

Portugal continua sem saber como administrar o Brasil e, cinco anos mais tarde, volta atrás, restabelecendo a centralização do poder em Salvador. Em Lisboa morre o rei d. Henrique que, sem herdeiros, deixa vago o trono. A elite portuguesa trata de escolher o sucessor.

Além de Espanha, o império de Filipe II (neto de d. Manuel, o Venturoso) inclui Bélgica, Holanda, algumas regiões da Itália e as colônias espanholas espalhadas pelas Américas. Portugal é anexado em 1580, mas um acordo firmado no ano seguinte garante independência aos portugueses e suas possessões.

Enquanto isso, na Europa, a Holanda proclama sua independência de Espanha (em 1581), que fecha os portos do seu império aos navios holandeses. Em represália, a Holanda resolve avançar nos mercados produtores das colônias e vem se servir de açúcar no Nordeste brasileiro. Começam as famosas invasões holandesas.

Antes que os holandeses entrem em cena, cumpre informar que os franceses, após o frustrado projeto da França Antártica, decidem fundar em 1616 uma França equinocial no Maranhão (os portugueses estavam se lixando para o litoral norte do Brasil). Os franceses se instalam numa ilha e constroem o forte de São Luís, origem da capital do estado.

Não foi fácil tirar os franceses do Maranhão. Somente na segunda expedição — reforçada por tropas da Coroa e da Bahia — Portugal arranca a rendição, assinada por Daniel de la Touche, e retoma a região. É a última tentativa de colonização francesa no país.

Os holandeses adentram os gramados brasileiros em 1624 e jogam pesado: chegam à Baía de Todos os Santos com 26 embarcações, 1 700 soldados, 1 600 tripulantes e tomam Salvador de surpresa, capturando oito navios e incendiando sete que se encontravam no porto.

A Espanha contra-ataca. O rei Filipe II envia 52 navios — 30 espanhóis e 22 portugueses — com 12 mil homens. É a maior esquadra a aportar no Novo Mundo até então, que comandada por Toledo Osório, marquês de Villavueva de Valdueza, derrota os holandeses em maio de 1625.

E não demorou muito. Em fevereiro de 1630, sete mil holandeses desembarcam de 60 navios em Olinda e não são turistas atrás do Carnaval. Dominam Recife, a que eles chamam de Zuikerland (terra do açúcar), expandem-se pelo Nordeste e vão permanecer 24 anos no Brasil.

Alguns historiadores afirmam que o combinado Brasil-Portugal só foi vencido em Pernambuco por causa da deserção de Domingos Calabar, que ao se bandear para o lado dos holandeses mudou o curso da guerra.

Em 1637 chega a Recife o primeiro governador holandês do Brasil, o conde Maurício de Nassau, que amplia os domínios da Holanda do Maranhão a Sergipe (não consegue tomar Salvador em 1638) e faz mais pelo Nordeste do que muitos caciques políticos atuais.

Nassau é surpreendente para os costumes da época, valorizando as artes e a cultura, coisa que os portugueses não faziam. Cerca-se de sábios, músicos, artistas, astrônomos (o primeiro observatório astronômico do Brasil foi construído no Palácio de Friburgo, em Recife) e pintores, como os irmãos Pieter e Frans Post.

A resistência luso-brasileira, que nunca desapareceu, arrefece diante da administração de Nassau, que seduz os senhores de engenho (a elite da terra) concedendo-lhes créditos e criando facilidades para a produção e o comércio do açúcar (que muito interessa aos holandeses). Nassau passa a chamar a região dominada — todo o Nordeste — de Nova Holanda.

Na verdade os holandeses estão querendo mesmo é dominar o mercado produtor de açúcar, cuja exportação já é financiada por capitalistas holandeses. Além disso, a Holanda controla 60% dos fretes entre Brasil e Portugal.

Os holandeses só não contam com a revolta de Portugal em 1640, que se liberta de Espanha e entroniza seu próprio rei, d. João IV, da dinastia de Bragança, quarta e última a governar os portugueses.

Pois não é que logo depois de recuperar sua independência Portugal se alia à Holanda contra a Espanha? Assina uma trégua de dez anos e abre negociações para recuperar o Nordeste. É a gota d'água para Nassau pedir demissão do cargo, largar tudo e retornar à Holanda, em 1644.

A saída de Nassau reacende a luta. Seus substitutos, três comerciantes, não sabem dar continuidade à sua administração e provocam uma reação ao domínio holandês, que reúne todas as raças e classes, fazendo nascer um sentimento de brasilidade acima dos interesses de Portugal (que a essa altura já se aliara por baixo do pano à Inglaterra na guerra contra a Holanda).

O movimento armado de portugueses e brasileiros — a Insurreição Pernambucana — se estende por nove anos, provoca duas batalhas nos montes Guararapes mas acaba por derrotar os holandeses, enfraquecidos pela guerra com a Inglaterra (olha aí os acontecimentos na Europa provocando mais uma vez uma mudança decisiva no curso da História do Brasil). Em janeiro de 1654, Sigismund von Schkopp assina a capitulação da Campina do Taborda e os holandeses deixam o país para sempre.

6

Festa (do ouro) no Interior

A expulsão dos holandeses do Nordeste custa caro à Coroa portuguesa.

Em resposta, a Holanda (também conhecida como Províncias Unidas dos Países Baixos) declara guerra a Portugal, que corre para os braços dos ingleses (negociando inclusive o casamento de d. Catarina de Bragança com o rei Carlos II da Inglaterra). A Inglaterra leva os dois países a assinarem o Tratado de Haia (1661), segundo o qual Portugal mantém o Brasil (escapamos por pouco), mas é obrigado a abrir as portas da colônia à navegação holandesa e a reconhecer na Ásia os territórios conquistados pelos holandeses aos próprios portugueses.

Desgastado pela prolongada luta com Espanha (mesmo depois de se libertar); enfraquecido pela guerra com a Holanda e tendo de fazer concessões à Inglaterra, Portugal vê seu império definhar. Perde sua Marinha, suas colônias no Oriente, o monopólio do comércio de escravos e o monopólio da produção de açúcar.

Em meio à maior crise financeira e contando apenas com o Brasil para sair do sufoco, Portugal envia-nos uma grande quantidade de funcionários públicos na esperança de melhorar a fiscalização e aumentar a arrecadação. Instala-se entre nós, em definitivo, a burocracia.

Vale esclarecer que antes de Portugal se libertar de Espanha (1640), o rei Filipe III divide, mais uma vez, o Brasil em dois: o Estado do Brasil, capital Salvador, que vai do Rio Grande do Norte até o Sul, e o Estado do Maranhão, capital São Luís, que vai do Ceará à Amazônia. Divisão que vai perdurar até Portugal juntar novamente o país com uma única capital no Rio de Janeiro.

A "república" do Maranhão, que compreende três capitanias reais e seis hereditárias, é formada para reduzir o isolamento do Norte e dificultar a ação de estrangeiros na Amazônia. Em 1737, a sede do governo será transferida para Belém, e a "República" passará a se chamar do Grão-Pará e Maranhão.

O Estado do Maranhão nunca se mostrou muito satisfeito com o tratamento que lhe dispensava a Coroa. Assim, em 1684, irrompe uma revolta de senhores de engenho (a elite subvertendo a ordem!) chefiada por Manuel Beckman, que expulsa os jesuítas, extingue a Cia. de Comércio e depõe o governador. Os revoltosos mantêm o poder por um ano, até a chegada de uma frota portuguesa. Delatado por Lázaro de Melo, Beckman é preso e enforcado.

No século XVII consolida-se o domínio português no litoral do Brasil e a Coroa começa a se expandir para o interior. Aumentam as expedições, chamadas de Entradas e Bandeiras, e não há grandes diferenças entre as duas. Inicialmente elas partem da vila de São Paulo.

O bandeirante Antônio Raposo Tavares faz várias viagens ao interior (Amazônia, em 1647) e ataca missões jesuíticas no Sul para aprisionar índios. Entre 1614 e 1639 cerca de 300 mil índios são capturados para o trabalho escravo, por Raposo e outros menos votados.

D'APRÈS "SELVAGENS CIVILIZADOS CONDUZINDO ÍNDIOS APRESADOS" de J. B. DEBRET

Fica a pergunta: por que retomar a escravização do índio se a mão-de-obra negra é muito mais qualificada? Acontece que os holandeses ocuparam os portos negreiros da África ameaçando de colapso o fornecimento de escravos para regiões açucareiras. A situação vai perdurar até a segunda metade do século XVII, quando Salvador de Sá reconquista Angola (1648) e a descoberta de ouro em Minas Gerais garante recursos para a compra de escravos africanos.

No processo de interiorização, a ocupação portuguesa da Amazônia (que pertence à Espanha) esbarra na presença de holandeses e ingleses que vêm negociar com os índios. O rei Jaime I da Inglaterra chega a distribuir entre seus súditos grandes extensões de terra na região.

Na verdade, Portugal só começa a se interessar pela Amazônia no início do século XVII, quando funda o forte do Presépio em 1616 (origem de Belém do Pará). A ocupação e o povoamento da região apóiam-se na extração das chamadas "drogas do sertão": urucum, guaraná, cravo, gergelim e outras espécies nativas.

O Brasil triplica de tamanho com essas andanças pelo interior, e vários tratados serão negociados para definir as fronteiras do país. O primeiro deles é com os franceses — Tratado de Utrecht, 1713 —, que querem levar sua Guiana até as margens do Amazonas.

O Tratado de Madri (1750) revoga o de Tordesilhas e dá a Portugal o atual estado do Rio Grande do Sul, antes nas mãos dos espanhóis, e toda a região oeste do Rio Grande e Paraná, explorada pelos bandeirantes.

O Tratado de Santo Ildefonso (1777) confirmará o Tratado de Madri, cancelado pelo Acordo de El Pardo (1761), menos no Sul, onde Portugal entrega à Espanha a Colônia de Sacramento e os Sete Povos das Missões, que serão retomados durante a Guerra Peninsular (1801) e integrados em definitivo ao Rio Grande do Sul. Os limites definitivos do Brasil, porém, só serão conhecidos no século XX, com a incorporação do Acre pelo Tratado de Petrópolis (1903) firmado com a Bolívia.

Voltando a fita, os bandeirantes, de tanto andarem de um lado para o outro, acabam descobrindo ouro em Minas Gerais. Quando a notícia chega a Portugal é um "Deus nos acuda". Com o país na maior miséria, tudo quanto é português quer se mandar para o Brasil.

A Coroa portuguesa pula de satisfação. O açúcar brasileiro já tinha sido engolido pela concorrência holandesa nas Antilhas e a descoberta das minas de ouro em 1695 reacende as esperanças de Portugal (e muito mais do Brasil).

Buscando melhorar suas finanças, Portugal trata de elaborar uma legislação especial criando a Intendência de Minas e entrando de sola nos impostos. À medida que o ouro se multiplica, a Coroa vai tratando de instituir novas formas de tributação.

Ninguém agüenta pagar tanto imposto e, junto com o ouro, multiplicam-se também a sonegação e o contrabando. Surgem os "santos de pau oco", imagens de madeira ocas por dentro para esconder metais e pedras preciosos.

A "corrida do ouro" gera conflitos entre os mineradores, o maior deles a Guerra dos Emboabas (1707), entre os paulistas, que querem explorar as minas com exclusividade, e os emboabas ("estrangeiros" em busca de ouro). Os paulistas perdem a guerra, vão atrás de novas jazidas em Mato Grosso e Goiás mas, mesmo derrotados, têm sua vila elevada à categoria de cidade (1711).

Em 1720, os moradores de Vila Rica (Ouro Preto), insatisfeitos com a quantidade de impostos, tentam se revoltar. Traído pelo governador de Minas, o conde de Assumar, o líder Filipe dos Santos tem sua casa incendiada, é enforcado e, como de hábito, esquartejado.

A mineração vai deslocando o eixo da Colônia para o interior, pondo fim à "litoraneidade" da ocupação portuguesa. Em um século a população do Brasil cresce dez vezes. No final do século XVIII, em Minas, já vivem 300 mil pessoas, sem considerar os índios.

Como ocorreu no Nordeste açucareiro, também em Minas a maior parte da população é constituída de negros escravos. Eles continuam carregando a Colônia nas costas apesar de não valerem mais do que um quilo de ouro.

No correr do século XVIII, a Europa vive a Idade da Razão (Iluminismo), mas a sociedade brasileira permanece escravagista até a alma. Está em curso a formação de uma elite nativa que enriquece por meio da exploração de mão-de-obra a custo zero. Não se paga salário no Brasil.

A sociedade do ouro é urbana e gera oportunidades para homens livres (antes quase só havia senhores e escravos) desenvolverem seus talentos nas artes e no comércio. Surge Antônio Francisco Lisboa, o Aleijadinho, artista brasileiro que introduz o uso da pedra-sabão nos seus trabalhos de escultura.

Em meio ao corre-corre da mineração, o Rio de Janeiro torna-se, em 1763, a capital da Colônia. A escolha é ditada pela necessidade de Portugal de exercer uma maior fiscalização no embarque do ouro que sai do porto do Rio de Janeiro para Lisboa.

Pois mesmo com todo o ouro brasileiro, a Coroa não consegue recuperar suas finanças, endividada com a Inglaterra até o pescoço por meio de acordos e tratados comerciais (o Tratado de Methuen, 1703, por exemplo, legaliza a saída de capitais de Portugal para a Inglaterra).

Como a História não caminha em linha reta, o arrocho fiscal que Portugal dá no Brasil cria sua contrapartida, estimulando a formação de uma consciência brasileira já em andamento — e aumentando a resistência aos portugueses (e à opressão colonial).

7

Independência ou Sorte

Em 1755 um terremoto arrasa quase toda a cidade de Lisboa. O todo-poderoso ministro do rei d. José I, marquês de Pombal, decide reconstruí-la pedra a pedra. Para isso precisa de dinheiro, muito dinheiro.

As minas de ouro dão sinal de esgotamento, as receitas da Coroa começam a despencar, e o Brasil recebe um tal visconde de Barbacena com ordens expressas para cobrar os "quintos" (impostos) atrasados e instituir a "derrama".

A derrama — criada por inspiração de Pombal — é um recurso instituído para ser usado sempre que a arrecadação não atinja o mínimo estabelecido por Portugal. Aquilo que faltar será cobrado de toda a população, nem que seja pela força das armas.

Três séculos de administração e os portugueses continuam interessados somente em cobrar impostos e lucrar com os monopólios, num sistema de exploração fechado para o mundo e sem nenhuma consideração pelos que vivem na Colônia (as elites, bem entendido, porque o "povão" nem existe para Portugal).

As notícias sobre as idéias de liberdade difundidas na Europa e a Revolução Americana de 1776 já circulam pelo Brasil, inspirando uma pequena elite mineira a uma conspiração contra Portugal. O único pobre entre os conspiradores chama-se Joaquim José da Silva Xavier, um alferes.

Os conspiradores, uns românticos idealistas, tentam garantir apoio estrangeiro. Em 1786 o embaixador norte-americano na França, Thomas Jefferson (que seria presidente da República em 1801-1809), recebe carta de um estudante brasileiro na Europa, José Joaquim da Maia e Barbalho, o Vendek, pedindo o apoio do seu país na luta contra Portugal.

Os conspiradores — padres, poetas, militares — vão em frente preparando-se para detonar a conjura (Inconfidência Mineira) em Vila Rica, no mesmo ano em que a Europa assiste à Revolução Francesa (1789). Delatados, os inconfidentes são presos por ordem do visconde de Barbacena e levados para o Rio de Janeiro, onde foi aprisionado Tiradentes.

Vários conspiradores são condenados à morte ou ao degredo. O processo judicial se arrasta por dois anos e a rainha Maria I acaba transformando todas as penas capitais em exílio. Menos para Tiradentes, que é enforcado em abril de 1792 no campo de Lampadosa, Rio de Janeiro.

Nove anos depois — em agosto de 1798 —, um punhado de artesãos, escravos e desclassificados inicia a Conjuração Baiana (também conhecida como Revolta dos Alfaiates), que, diferente da Mineira, mostra uma face mais social e popular. Enquanto em Minas o objetivo era a independência, na Bahia a luta seria contra a opulência da sociedade escravagista. O movimento não vai longe, abortado por traidores, entre eles José da Veiga, um dos participantes. Quatro revolucionários são enforcados em Salvador.

Enquanto isso, na Europa, Napoleão Bonaparte expande seus domínios e na luta contra a Inglaterra estabelece um bloqueio comercial a que Portugal se nega a aderir, pois depende dos ingleses para sobreviver. Napoleão decide invadir Portugal.

Diante da iminente invasão das tropas do general Junot, a família real e toda a corte se escafedem de Portugal sob escolta de quatro navios ingleses. São 15 mil pessoas e metade da moeda circulante em Portugal a bordo dos 36 navios que se mandam para o Brasil em 1807.

No início do século XIX o Brasil tem pouco mais de três milhões de habitantes (um milhão só de escravos). Sua situação econômica é lamentável: as minas exauridas, o comércio autorizado a negociar apenas com Portugal e a instalação de indústrias proibida desde 1785 por um decreto real.

Ressalte-se que o Brasil também adentra o século sem educação. O ensino primário é pouco difundido, o secundário sobrevive em poucas cidades e a instituição da escola desaparece junto com a expulsão dos jesuítas pelo marquês de Pombal (1760). Não há bibliotecas públicas e muito menos universidades.

D. João VI desembarca na Bahia (onde passará um mês) e segue para o Rio de Janeiro, onde muita gente é despejada de suas casas para hospedar a numerosa comitiva real. Ainda em Salvador, d. João decreta a abertura dos portos do Brasil às nações amigas (de Portugal). Com isso, encerra-se o monopólio luso sobre o comércio brasileiro.

Não satisfeito, d. João, dois anos depois (em 1810), assina novos tratados favorecendo (ainda mais) o comércio da Inglaterra com o Brasil. A taxa de importação dos produtos portugueses é de 16%, a de todos os outros países, de 24%, e a dos ingleses passa a ser de 15%. Resultado: os produtos ingleses inundam o país.

Ainda em 1808, d. João permite a instalação de indústrias brasileiras no Brasil. Só que com os tratados de 1810 nossas manufaturas não conseguem concorrer com os produtos ingleses. Define-se nesse momento um novo tipo de dominação, diferente da do colonialismo: o imperialismo. A Inglaterra despeja enorme quantidade de produtos mais baratos, de melhor qualidade, e alguns sem a menor utilidade, como patins de gelo e carteiras de notas (aqui só circulam moedas).

D'APRÈS: "VENDEDORAS DO PAÇO" de J. B. DEBRET

Tornando-se a sede da Coroa, o Brasil precisa estar à altura de um rei. D. João institui o ensino superior (funda dois Colégios de Medicina, no Rio de Janeiro e em Salvador), cria a Biblioteca Nacional, o Banco do Brasil, a Academia Militar, a Escola de Belas Artes, o Observatório Astronômico, a Escola de Comércio e muito mais.

Com d. João começa a circular a *Gazeta do Rio de Janeiro*, o primeiro jornal feito no país. Sim, porque antes já havia sido fundado por Hipólito José da Costa o *Correio Braziliense*, o primeiro jornal brasileiro… feito na Inglaterra.

A derrota de Napoleão em 1815 na Europa reflete no Brasil, que é promovido a Reino Unido (a Portugal e Algarves), uma jogada política de d. João para permitir a Portugal participar do Congresso de Viena, que pretende restaurar as monarquias destruídas pelos exércitos franceses.

Mesmo tendo virado Reino Unido, o país não está em paz. Em 1817 Pernambuco inicia uma revolução para se libertar de Portugal, liderada por membros de sociedades secretas adeptos da república. Instala-se um governo provisório que não dura mais de três meses: o movimento é sufocado por tropas luso-brasileiras e seus líderes fuzilados. É a última manifestação nativista da Colônia.

Após a saída dos franceses de Portugal, a situação econômica do país beira o caos. Empobrecido pela guerra, arruinado com a abertura dos portos no Brasil, Portugal inicia em 1820 um movimento na cidade do Porto para afastar os ingleses do governo e levar de volta a Lisboa a família real.

　　D. João retorna em abril de 1821, deixando aqui, em seu lugar, o filho d. Pedro de Alcântara, 23 anos. Antes de partir, o rei esvazia o Tesouro brasileiro apoderando-se de toda riqueza que pode levar.

　　No fundo, Portugal pretende rebaixar novamente o Brasil à condição de Colônia para recuperar os privilégios comerciais que foram perdidos em 1808. Além da volta de d. João, o parlamento português também quer o retorno de d. Pedro, provocando com isso uma grande agitação no Brasil. A opinião pública divide-se.

O Parlamento de Lisboa expede vários decretos reduzindo o poder do Príncipe Regente. Um deles — acreditem — cria governos provinciais desligados do governo central no Rio de Janeiro e diretamente subordinados a Portugal.

A 9 de janeiro de 1822, d. Pedro recebe um abaixo-assinado com oito mil assinaturas de residentes no Rio de Janeiro pedindo-lhe que não abandone o Brasil. Orientado por seu ministro José Bonifácio de Andrada e Silva, d. Pedro dá a célebre declaração.

O episódio, conhecido como Dia do Fico, corresponde aos interesses das elites. Marca porém o apoio de d. Pedro à causa brasileira com o desrespeito público às decisões das Cortes de Lisboa. Com d. Pedro ficam também a monarquia e a escravidão.

No dia 7 de setembro, voltando de Santos para São Paulo, d. Pedro recebe de um emissário do Rio de Janeiro às margens do riacho Ipiranga os últimos decretos de Lisboa, um dos quais o reduz a um simples governador do Brasil sujeito às ordens das Cortes. D. Pedro amassa os decretos, range os dentes e berra:

D'APRÈS:
"O GRITO DO IPIRANGA"
de VITOR MEIRELES

Eram 16h30 e o emissário, Paulo Bregaro, se pôs a imaginar que curso teria tomado a História do Brasil, caso ele tivesse sido atropelado ou assaltado antes de entregar os decretos.

Aclamado imperador do Brasil em 12 de outubro, o príncipe regente recebe o título de d. Pedro I (a coroação se daria em 1.º de dezembro).

8

Os Maestros da Regência

Oito meses depois da Independência, em três de maio de 1823, instala-se uma Assembléia Constituinte, convocada por d. Pedro e formada por 80 representantes das províncias (antigas capitanias) para elaborar a… primeira Constituição do Brasil! (rufam os tambores).

As províncias do Pará, Piauí, Bahia, Maranhão e Cisplatina (atual Uruguai, incorporada em 1821) fingem que não ouvem o grito de Independência e declaram-se fiéis às Cortes de Lisboa. D. Pedro envia tropas, sem treino e sem estrutura (não há um exército brasileiro organizado), para dobrar os revoltosos. Orientando as forças imperiais estão vários militares estrangeiros, entre eles o almirante escocês Thomas Cochrane, o norte-americano David Jewett e o francês Pierre Labatut, ex-combatente napoleônico.

Na Bahia os portugueses resistem por quase um ano mas acabam derrotados em 2 de julho de 1823 pelas forças imperiais que contam com a heróica participação de Maria Quitéria, disfarçada de homem. Ainda hoje os baianos fazem, na data da sua Independência, a maior festa regional.

No Rio de Janeiro a Assembléia Constituinte e o Imperador não se entendem. Os constituintes querem limitar os poderes de d. Pedro, que dissolve a Assembléia em novembro de 1823, prende e exila vários de seus representantes, entre eles José Bonifácio, que se bandeara para a oposição. D. Pedro então reúne dez pessoas de sua confiança e encomenda uma Lei Magna, que fica pronta em 16 dias. Em março de 1824 o Imperador jura obedecer a Constituição que outorga ao Brasil.

Os 179 artigos da Constituição confirmam a monarquia e o catolicismo como religião oficial, dividem os poderes por quatro (Executivo, Legislativo, Judiciário e Moderador), organizam o sistema eleitoral e — creiam — mantêm a escravidão. Essa Constituição irá vigorar por 65 anos.

A Constituição estabelece eleições indiretas, voto aberto (o secreto só será instituído em 1932) e mandato vitalício para os senadores. O voto também é censitário, exigindo uma renda mínima de 100 mil-réis anuais para o cidadão se candidatar a... eleitor!

Algumas províncias não digerem a Constituição ditatorial. Começa em Pernambuco (sempre Pernambuco) um movimento separatista que pretende criar um novo país chamado Confederação do Equador. Os revoltosos, que se estendem ao Ceará, Paraíba e Rio Grande do Norte, adotam a Constituição da Colômbia e instalam um governo republicano.

D. Pedro envia a Pernambuco o almirante Cochrane (pau para toda obra) e o general Francisco de Lima e Silva (pai do futuro duque de Caxias), que esmagam a rebelião em pouco mais de dois meses. Como ocorrera em 1817, quando os pernambucanos perderam o território alagoano, agora o Imperador retira de Pernambuco a margem esquerda do rio São Francisco. A repressão ao movimento é brutal e 16 revoltosos são condenados à morte por enforcamento, inclusive frei Joaquim do Amor Divino Caneca, o frei Caneca.

Enquanto isso, a província Cisplatina (anexada por d. João VI após quatro anos de sangrentos combates) liberta-se do Brasil e cai nos braços da Argentina, que por pressão dos ingleses desiste da posse do território. A guerra é desastrosa para d. Pedro que, vencido, vê surgir em agosto de 1828 mais uma nação na América, a República Oriental do Uruguai.

Os Estados Unidos são o primeiro país a reconhecer nossa Independência (em 1824), coerentes com a política do seu presidente James Monroe que prega "a América para os americanos", com o que pretende impedir intervenções européias no continente.

Portugal só reconhece nossa Independência em 1825, assim mesmo pressionado pela Inglaterra, que não quer perder sua boca-rica no Brasil (como as vantagens dos tratados de 1810). D. João VI, que havia raspado nossos cofres, exige uma indenização de dois milhões de libras esterlinas pelo reconhecimento.

D. João VI pouco pôde usufruir da indenização pedida ao Brasil (que o governo brasileiro pagou com dinheiro emprestado pela Inglaterra, como se viu). Ele morre em 1826 e d. Pedro, para continuar imperador do Brasil, renuncia ao trono de Portugal. Sua situação aqui, no entanto, vai se tornando insustentável depois da violência contra a Confederação do Equador, da derrota na Guerra da Cisplatina e da crise financeira que se alastra pelo país (o Banco do Brasil vai à falência e é liquidado em 1829).

D'APRÈS: "O PRÍNCIPE D. PEDRO COMPÕE A MÚSICA DO HINO DA INDEPENDÊNCIA"

D. Pedro perde respeito e prestígio. Não é mais o herói da Independência, mas o tirano que governa com suas próprias leis. A Noite das Garrafadas no Rio de Janeiro, um conflito de rua, é a gota d'água para ele mudar de idéia: em abril de 1831 renuncia à renúncia e vai ser rei em Portugal. Termina o Primeiro Reinado, que durou nove anos.

O Imperador parte mas — como fez seu pai — deixa o filho, Pedro II, que só tem cinco anos de idade. O governo é entregue a uma regência de três membros para administrar o país até a maioridade do Imperador-mirim, que se dará em dezembro de 1843.

A tal regência dura pouco mais de dois meses (e para justificar esse curto espaço de tempo será chamada pela história oficial de "Regência Provisória"). O clima no país é de agitação: os ratos fazem a festa na ausência do gato d. Pedro. Surge uma segunda Regência Trina, que vai até 1834.

Em 1834 morre d. Pedro I em Portugal e no Brasil é promulgado um Ato Adicional à Constituição (de 1824), que entre outras coisas reduz a Regência a um único membro eleito para um mandato de quatro anos.

O Ato Adicional cria as assembléias legislativas provinciais em substituição aos Conselhos Gerais e transforma a cidade do Rio de Janeiro em "Município Neutro". Depois, o Rio será Distrito Federal; com a fundação de Brasília torna-se Estado da Guanabara e, mais à frente, é reunificado ao Estado do Rio de Janeiro.

Padre Feijó também não segura a batuta governando sem maioria no Parlamento. E acaba por renunciar antes de completar o mandato (1837). A batuta vai para Pedro de Araújo Lima (futuro marquês de Olinda), que tem o nome confirmado nas eleições de 1838.

Nosso processo político, porém, dá mais voltas que uma montanha-russa, de modo que em julho de 1840 o regente Araújo Lima (que criou o Colégio Pedro II e reestruturou o Exército) abandona a batuta para que Pedro II possa subir ao trono antes de completar a maioridade.

Fica claro que todas essas mudanças políticas decorrem de lutas entre facções de elite interessadas em controlar o governo e manter a união nacional num país sacudido (como nunca) por revoltas populares e movimentos separatistas.

Para enfrentar os movimentos e revoltas populares o governo conta com a Guarda Nacional, criada pelo padre Feijó quando ministro da Justiça, em 1832. A Guarda Nacional é uma tropa de elite formada pelos proprietários rurais e seus seguidores, que recebem patentes militares.

Um dos maiores focos de resistência popular à ordem imperial tem o nome de Cabanagem, que surge no Pará em 1835. Os rebeldes (cabanos) chegam a tomar Belém e declarar a independência da província. Cinco anos e 35 mil mortos depois, uma poderosa força militar sufoca a rebelião reduzindo quase à metade a população da província.

A Guerra dos Farrapos no Rio Grande do Sul é a mais longa revolta iniciada no período das regências. Sustentada pelas elites rurais, ela se estende por dez anos e termina em negociações com o governo, diferente de outros movimentos da mesma época — Sabinada na Bahia, Balaiada no Maranhão — que são violentamente reprimidos.

Durante as rebeliões, um novo herói desponta: o major Lima e Silva, que derrota os balaios no Maranhão, combate os farroupilhas no Rio Grande do Sul e vai se tornar um respeitável comandante sempre chamado quando a pátria é posta em perigo.

No poder, os conservadores se desgastam com os insucessos na Guerra dos Farrapos. É a vez de os liberais manobrarem para antecipar a maioridade de Pedro II, argumentando que ele é uma autoridade inquestionável para solucionar os conflitos.

No dia 23 de julho de 1840 chega ao fim o turbulento período das regências, depois que um artifício legislativo (inconstitucional) permitiu a senadores e deputados reduzirem a maioridade do Imperador. Iniciando o Segundo Reinado, Pedro II sobe ao trono com 14 anos e sete meses de idade e nele permanecerá por 49 anos, o mais longo governo pessoal da História do Brasil.

O Reinado do Café

O Segundo Reinado será marcado pela política de "conciliação", palavra que significa alternar (ou misturar) liberais e conservadores no poder. De 1840 a 1889 o país conviverá com 21 gabinetes (ministérios) formados por liberais e/ou conservadores sempre propondo suas reformazinhas, mas sem radicalismos.

Vivemos uma monarquia parlamentarista — diferente da monarquia absolutista de Pedro I — inspirada no modelo inglês mas com um jeitinho brasileiro: o poder (Moderador) é exercido de fato pelo Imperador e não compartilhado com o Parlamento, como ocorre até hoje na Inglaterra.

Antes mesmo de ser coroado imperador do Brasil (o que se dará em julho de 1841), Pedro II convoca as primeiras eleições do Segundo Reinado para o Legislativo, em outubro de 1840. Os liberais — que estavam no poder — metem a mão na urna, fraudam os votos, viram a mesa (eleitoral), obrigando o Imperador a anular o pleito — conhecido como "eleições do cacete" — e nomear um novo gabinete composto por conservadores.

A Inglaterra, dona do mundo, continua mexendo os cordéis por trás de d. Pedro. O Brasil importa mais do que exporta, o Governo vive à custa de empréstimos internacionais e depende dos banqueiros ingleses para saldar as dívidas da balança comercial com… a Inglaterra.

Em 1848 Pernambuco (de novo Pernambuco) volta a sacudir o país com a Revolução Praieira, o movimento de maior participação popular no Império. Os revolucionários lutam pelo fim da escravidão, pela garantia de trabalho e por mudanças políticas inéditas, entre elas o voto livre e universal.

As elites estão construindo um país em que a participação político-eleitoral varia de 1% a 3% da população. A eleição direta de 1886 para o Parlamento conta com a presença de pouco mais de 100 mil eleitores (117 671) para uma população de cerca de 14 milhões de habitantes.

Também a educação permanece um privilégio das elites por todo o Império. Calcula-se que no final do século XIX (praticamente ontem) 83% dos brasileiros são analfabetos. Apesar de a Constituição de 1824 declarar o ensino primário obrigatório, em 1890 apenas 15% das crianças em idade escolar estão nas escolas.

O Segundo Reinado tem a honra e o orgulho de apresentar "A Guerra do Paraguai", a produção mais cara da História do Brasil, envolvendo várias batalhas marítimas e terrestres e um saldo espetacular de 700 mil mortos, dos quais apenas 33 mil são brasileiros.

D'APRÈS: "COMBATE NAVAL DO RIACHUELO" de EDUARDO de MARTINO

O pontapé inicial é dado pelo presidente Solano Lopes em 13 de
novembro de 1864, quando os paraguaios — que controlam um trecho
do rio Paraguai — apreendem o vapor brasileiro "Marquês de Olinda",
cortam relações diplomáticas com o Brasil e mais à frente invadem a
província de Mato Grosso.

Solano Lopes acredita que o Brasil, em guerra com o Uruguai (que
só terminará em fevereiro de 1865), pretende dominar esse país e
impor um controle no estuário do Prata, única via de acesso do
Paraguai — que não tem saída para o mar — ao oceano Atlântico.
Na verdade o desenvolvimento da navegação a vapor começa a mexer
com os interesses comerciais dos países da região (e de outras regiões).

Diante das hostilidades de Solano Lopes, Brasil, Argentina e
Uruguai, que andaram às turras por 14 anos (desde 1850), resolvem se
unir para enfrentar o Paraguai e em maio de 1865 assinam em Buenos
Aires o tratado de Tríplice Aliança.

Com suas fronteiras fechadas ao imperialismo das potências
estrangeiras (leia-se Inglaterra), o Paraguai é uma economia de sucesso
que não depende de outros países, produz seus próprios alimentos,
transforma os latifúndios improdutivos em fazendas estatais (dando
emprego à população) e mantém superávits em sua balança comercial.
Cria um eficiente sistema de educação pública.

Nessas condições o Paraguai não é visto como um bom exemplo pelos países imperialistas que a essa altura fazem a partilha do mundo colonial. Autônomo, independente, auto-suficiente, o Paraguai precisa ser enquadrado e integrado à ordem unida do imperialismo.

Após cinco anos e quatro meses de luta, o Paraguai é derrotado e perde parte de seu território para Brasil e Argentina. Sua população de 800 mil habitantes cai para 194 mil, sendo que dois terços é de velhos, mulheres e crianças. O país nunca mais voltará a ser o mesmo.

Fim da guerra (1870): Solano Lopes é morto em Cerro Corá, mas o desfecho também custa caro aos vencedores. O Brasil perde milhares de homens e rios de dinheiro com os empréstimos para financiar suas forças militares. Ao final a grande vencedora é a Inglaterra, que não contabiliza mortos, recebe seu dinheiro com juros e passa a vender seus produtos para o Paraguai.

A vitória do Brasil aumenta o ibope do Exército, que não existia como instituição organizada e cresceu durante a guerra com o alistamento dos "voluntários da pátria" (quase todos homens pobres). Após profundas mudanças, o Exército surpreenderá a maioria dos políticos ao incorporar um espírito republicano e abolicionista.

Um fato inusitado: dois anos antes da guerra, Brasil e Inglaterra rompem relações diplomáticas (por incidentes sem expressão). Quando, no início da guerra, Pedro II assistia à rendição de soldados paraguaios em Uruguaiana, os ingleses apareceram para pedir desculpas e colocar seus capitais à disposição do Imperador.

Por esses tempos o Brasil permanece um país agroexportador. Depois que o açúcar e o algodão deixam as paradas de sucesso, o país descobre o café (cacau e borracha em menor escala), que vai provocar mudanças na política e nos interesses das elites brasileiras.

Por que elegemos o café? Bem, após sua Independência, em 1776, os Estados Unidos deixam de comprar chá da Inglaterra substituindo-o pelo café do Haiti, que logo se envolve em lutas internas pela independência e não consegue abastecer o mercado. Assim, o Brasil, que já tinha café desde 1730, entra na parada e vai chegar a vender mais de 50% de sua produção aos norte-americanos.

   A plantação em larga escala começa no Rio de Janeiro (Vale do Paraíba) e vai se deslocando para o oeste paulista. Em 1880 o Brasil produz 56,63% do mercado mundial e até 1930 quase todos os presidentes da República serão ligados à cafeicultura.

A "febre da rubiácea" faz o país mudar por cima (troca de elites), mas a sociedade permanece como nos tempos da Colônia: patriarcal, latifundiária, escravocrata. Aliás, é o café quem faz do Brasil o último país a abolir a escravidão na América Latina.

A Inglaterra, que extinguira o tráfico em 1806, renova as pressões para o Brasil — o maior importador de escravos do mundo — acabar com o comércio negreiro. Em 1831 o Brasil já tornara ilegal o tráfico, mas "a lei não pegou", e os negros africanos continuaram sendo comercializados livremente. Em 1850 uma nova lei "pega" (Lei Eusébio de Queirós), encerrando o tráfico — mas não a escravidão — no país.

Por essa época, com os recursos do café e o dinheiro que deixa de ser gasto com o comércio negreiro, a economia do Brasil começa a se diversificar, crescem as indústrias, desenvolvem-se os transportes e as comunicações. O grande incentivador dessas transformações é Irineu Evangelista de Souza, o visconde de Mauá (a história oficial tem um herói para tudo). Entre outras iniciativas, Mauá é responsável pela instalação do primeiro cabo telegráfico ligando o Brasil à Europa em 1874.

Com as indústrias aparecem os primeiros operários europeus, que logo se organizam para lutar por melhores condições de vida e trabalho. Sua primeira associação chama-se Imperial Associação Tipográfica Fluminense (1853). A primeira greve ocorrida na História do Brasil é organizada pelos gráficos do Rio de Janeiro (1856).

A propaganda abolicionista e republicana vai ganhando força na imprensa e o Imperador manobra para evitar a queda do regime. Em 1871 um novo avanço: é aprovada a Lei do Ventre Livre, que declara livres os filhos de escravas nascidos a partir daquele dia (28 de setembro).

Não são poucos os barões do café que aderem aos ideais republicanos na esperança de que o novo regime NÃO elimine a escravidão. Um grande número de donos de escravos está presente na primeira convenção do Partido Republicano realizada em Itu, São Paulo (1873).

A luta contra a escravidão transforma-se em campanha nacional, mas o governo parece disposto a uma abolição lenta e gradual. Em 1885 é assinada uma lei típica de quem joga para ganhar: a Lei Saraiva-Cotegipe liberta os escravos com mais de 65 anos.

Alguns cafeicultores do oeste paulista enxergam mais longe e começam a patrocinar a vinda de europeus para substituir os escravos. Entre 1850 e 1889 entram no país quase 900 mil imigrantes, em sua maioria para as fazendas de café de São Paulo.

Em 1888, afinal, depois que a escravidão deixa de ser indispensável à economia do país, a princesa Isabel assina a Lei Áurea, libertando todos os escravos de todo o Império. Abaixo, um diálogo real e histórico.

D'APRÈS: "O ÚLTIMO BAILE DA MONARQUIA" de AURÉLIO FIGUEIREDO

Pouco mais de um ano depois confirmam-se as palavras do barão de Cotegipe. No último sábado do Império — 9 de novembro de 1889 —, a monarquia, como que prevendo seu fim, realiza o baile da Ilha Fiscal, uma festa memorável que reúne cerca de cinco mil convidados e custa uma pequena fortuna aos cofres públicos.

Na tarde da sexta-feira, 15 de novembro de 1889, o trono vira peça de museu: na Câmara Municipal do Rio de Janeiro, José do Patrocínio declara proclamada a República depois que, pela manhã, o marechal Deodoro da Fonseca dá um golpe militar, ocupando o Ministério da Guerra e depondo o Imperador.

10

Os Militares Entram em Cena

Virada a página do Império, o marechal alagoano Deodoro da Fonseca, herói da Guerra do Paraguai, comanda um governo provisório e mais à frente torna-se presidente da República com a promulgação da Constituição de 1891 (que irá vigorar até 1930). Inspirada na norte-americana, nossa primeira Carta Magna republicana traz algumas novidades.

A Carta adota ainda a eleição direta para o poder Executivo, mas o voto permanece restrito a um pequeno círculo de cidadãos do sexo masculino, alfabetizados, maiores de 21 anos. A nova Constituição estabelece também uma área de 14 400 quilômetros quadrados no Planalto Central para a transferência do Distrito Federal (o que ocorrerá somente em 1960).

Apesar das profundas mudanças constitucionais, a estrutura socioeconômica permanece a mesma; a vida dos trabalhadores não muda; a dependência do capital estrangeiro não muda; o sistema de produção não muda e a distância da população para o processo político não muda. Apenas uma coisa muda: os militares chegam ao poder.

Logo de cara Rui Barbosa, ministro da Fazenda, promove uma reforma financeira para estimular o desenvolvimento econômico. Os bancos abrem um festival de créditos que não são cobertos por depósitos em dinheiro, obrigando o Governo a enormes emissões de moeda. Num quadro de falências e especulação financeira, instala-se o caos e surge uma inflação incontrolável, a primeira do país.

Juntem-se os graves problemas econômicos às críticas da imprensa, ao fechamento do Congresso, à perda de apoio das Forças Armadas e temos as razões da renúncia de Deodoro, primeiro presidente da República, que permaneceu no cargo de fevereiro a novembro de 1891.

Sai Deodoro, entra Floriano, o vice, também alagoano, também militar, que também dá seu golpezinho de Estado ao violentar a Constituição que determina nova eleição, caso a presidência vague antes de terem ocorrido dois anos do período presidencial.

Com respaldo do Exército e do Partido Republicano Paulista, Floriano Peixoto impõe um governo autoritário, depõe governadores e enfrenta rebeliões, entre elas a Revolta da Armada no Rio de Janeiro e a Revolução Federalista no Rio Grande do Sul, ambas em 1893. Mesmo assim passa a faixa presidencial ao seu sucessor, encerrando um período que ficou conhecido como a República da Espada.

Prudente de Morais, paulista de Itu, representante dos cafeicultores, vence uma eleição da qual, excluídas as mulheres e os analfabetos, participam apenas 2,2% da população. É a proibição de o analfabeto votar — só revogada em 1985 — que vai atrasar (em muito) o processo histórico da educação do país.

Um parêntese: até o início da República somente existem cinco faculdades no país. Nossa primeira universidade será formada em 1920, com um atraso considerável. A América Espanhola no final do século XVI já contava com seis universidades, sendo a mais antiga a de San Marcos, no Peru, fundada em 1551.

Prudente também enfrenta suas crises, a maior delas a Guerra dos Canudos, no interior da Bahia, onde o místico Antônio Conselheiro (cearense, de batismo Antônio Vicente Mendes Maciel) e seus 25 mil sertanejos derrotam três expedições militares do Governo, até sucumbirem (sem rendição) a um exército de sete mil homens em outubro de 1897.

Conselheiro pregava a restauração da monarquia e o fim do casamento civil. Seus "exércitos" foram formados pela seca, pela fome e pelo desemprego, num Nordeste em plena decadência econômica. O arraial de Canudos desenvolveu uma vida comunitária onde todos dividiam tudo: rebanhos, pastagens, colheitas.

Por essa época, 70% da população economicamente ativa se dedicam à agricultura. Com o empobrecimento do Nordeste têm início as migrações — que se acentuarão com o tempo — na direção do Rio de Janeiro e de São Paulo à procura de trabalho.

D'APRÈS:
"OS RETIRANTES"
de CÂNDIDO
PORTINARI

A Constituição de 1891 ampliou de forma acentuada a autonomia dos estados. Assim, a oligarquia cafeeira de São Paulo (o estado mais forte) vai colocando o país do seu jeito. Para o lugar do paulista de Itu é eleito Campos Sales, paulista de Campinas que governa de 1898 a 1902.

Campos Sales negocia a dívida externa com banqueiros internacionais e impõe ao país uma severa política financeira, que gera deflação e provoca falências (entre elas a do Banco da República). Para garantir apoio à sua administração, coloca em prática a "Política dos Governadores", um acordo entre ele e os governadores dos Estados para minimizar a oposição. Os deputados federais eleitos só serão diplomados se se alinharem com a situação, caso contrário são "degolados" (expressão da época).

Na virada do século XX, o Rio de Janeiro de Machado de Assis é uma cidade cosmopolita com cerca de 500 mil habitantes (e um número equivalente de problemas) que abriga um razoável contingente de trabalhadores imigrantes europeus. São eles os precursores da ideologização do movimento operário no Brasil.

Nossa elite econômica, acostumada a lidar com escravos, não se preocupa em regulamentar as relações de trabalho. Não há férias, salário mínimo ou horário de trabalho, e as manifestações operárias são consideradas pelas autoridades como "casos de polícia".

O trator varre cortiços e bairros populares do centro do Rio de Janeiro, desabrigando milhares de pessoas para dar início à reforma urbana de 1904 (começa aí o processo de favelização). Durante quatro dias de novembro a cidade explode na sua maior rebelião popular de todos os tempos. A população toma conta das ruas sob o pretexto de reagir à obrigatoriedade da vacina contra varíola imposta pelo Governo.

O Governo Federal suspende a campanha de vacinação mas expulsa do país os estrangeiros que se envolvem na Revolta da Vacina, prende milhares de pessoas e deporta centenas para o Acre, recém-incorporado ao Brasil pelo Tratado de Petrópolis, firmado com a Bolívia.

Enquanto o povo reagia nas ruas, na Escola Militar do Rio de Janeiro esboça-se uma insurreição (frustrada) que também a pretexto da vacinação obrigatória pretende derrubar o presidente da República, Rodrigues Alves (1902-1906), paulista de Guaratinguetá.

Do ponto de vista econômico o país continua se equilibrando sobre o café. A grande expansão das plantações, no entanto, não encontra correspondência no crescimento do mercado. A saca vendida a 102 francos em 1890 cai para 39 em 1905. O Governo, pressionado pelas oligarquias, cria a "Política de Valorização do Café", passando a comprar as sobras e intervindo no mercado.

A ascensão do mineiro Afonso Pena em 1906 consagra a política do "café-com-leite". Na eleição seguinte, porém, o café (São Paulo) se desentende com o leite (Minas) e nessa brecha entra o marechal Hermes da Fonseca, do Rio Grande do Sul que, apoiado pelos mineiros, derrota Rui Barbosa, lançado pelos paulistas.

O governo Hermes da Fonseca é dos mais turbulentos da Velha República, com intervenções em todo o Nordeste, e mais a Revolta da Chibata no Rio de Janeiro e a Guerra do Contestado — região entre Paraná e Santa Catarina; e por cima disso tudo o início da Primeira Grande Guerra.

A Revolta da Chibata, contra castigos físicos, irrompe em novembro de 1910 comandada pelo marinheiro João Cândido, o Almirante Negro, que se apodera dos dois maiores navios da Marinha (encouraçados "Minas" e "São Paulo") e ameaça bombardear o Rio de Janeiro. O presidente Hermes da Fonseca promete anistiar os marinheiros que se entregarem, mas logo que eles depõem as armas, são presos e expulsos da Armada.

A Guerra do Contestado é quase uma versão sulista de Canudos. Sob a liderança do "monge" José Maria, que prega um reino milenarista e acusa a República de todos os males, 20 mil camponeses, lutando com foices e enxadas, resistem por três anos ao Exército, à polícia estadual e aos "coronéis" e suas milícias.

O mandato de Venceslau Brás, mineiro de Itajubá, coincide com a Primeira Guerra Mundial (1914-1918), que alcança o Brasil através da gripe espanhola (epidemia que faz milhares de vítimas), mas força o país a ampliar seu parque industrial. Aumenta o número de operários nas grandes cidades, surgem novos sindicatos, intensificam-se as greves. Em São Paulo há uma greve geral que dura 30 dias.

Durante a Primeira Guerra, a vitória da Revolução Bolchevista na Rússia (1917) vem botar mais lenha na fogueira ideológica. Terminada a guerra, o eixo da economia mundial desloca-se da Inglaterra para os Estados Unidos. O mundo tem um novo "dono".

Em 1908 é extinta a Guarda Nacional, que servia aos "coronéis" do Nordeste. O presidente Epitácio Pessoa, paraibano, moderniza o Exército, que passa a monopolizar o poder armado, aumentando sua influência na vida nacional. Os oficiais são nacionalistas e desprezam a politicagem e o jogo de interesses das elites civis.

São tempos em que a jovem oficialidade (e só a jovem) mostra sua insatisfação com as manobras do poder. 1922 é o ano do Centenário da Independência, da fundação do Partido Comunista, da Semana de Arte Moderna e da aparição do Tenentismo, com a revolta dos jovens oficiais do Forte de Copacabana que se rebelam contra a posse do sucessor de Epitácio Pessoa.

O mineiro Artur Bernardes governa o tempo todo com o estado de sítio (de 1922 a 1926). Em 1923 pacifica os gaúchos que não agüentavam mais ver Borges de Medeiros se reeleger governador (pela quinta vez). Em 1924 domina um levante militar que chegou a controlar a cidade de São Paulo por 23 dias.

Em 1925 os rebeldes paulistas encontram os oficiais gaúchos nas margens do rio Paraná e formam a Coluna Prestes. Comandados pelo tenente gaúcho Luís Carlos Prestes, eles percorrem mais de 20 mil quilômetros pelo interior do Brasil levando sua mensagem contra as oligarquias. Sempre perseguida por tropas federais, a Coluna se dispersa em 1927.

Em 1926 Washington Luís faz "Paulistas 4 X 3 Militares".
O presidente tem de encarar a quebra da Bolsa de Nova York, que desestabiliza o comércio do café e joga o Brasil numa crise econômica sem precedentes. Ele ainda tenta uma reforma constitucional, mas acaba sendo deposto por um amplo movimento político-militar. Encerra-se aí o que a história oficial chama de Velha República.

11

A Era do "Pai dos Pobres"

Washington Luís é deposto a 24 de outubro de 1930, depois de seu sucessor na presidência já ter sido eleito. A derrubá-lo, uma frente formada por políticos gaúchos e mineiros (a Aliança Liberal), por setores das elites dissociadas do núcleo cafeeiro, segmentos de classe média e os insistentes representantes do Tenentismo, alguns voltando do exílio para lutar.

Começam novos tempos. Assume uma Junta Militar que a 3 de novembro entrega o poder a Getúlio Vargas, gaúcho, ex-ministro da Fazenda de Washington Luís e candidato derrotado da Aliança Liberal nas eleições presidenciais vencidas pelo paulista Júlio Prestes, representante dos cafeicultores.

Getúlio se manterá no poder por 15 anos. A insurreição armada iniciada em Minas e no Rio Grande do Sul só precisou de três semanas para golpear o país. Vitoriosa, recebe o pomposo nome de "Revolução de 1930".

O presidente imposto sai da esfera de influência dos fazendeiros e barões do café; expande o comércio, a indústria, cria leis trabalhistas e incorpora o povão ao processo político (depois de 430 anos), mas por meio de mecanismos que mantêm os sindicatos atrelados ao Governo.

O que provocou afinal mais este golpe? Pode ter sido a quebra da Bolsa de Nova York em 1929 que fez despencar o preço do café no mercado internacional (nossa safra de 1928 é de 26 milhões de sacas, um recorde), arrastando o Brasil para uma (ou mais uma) grave crise econômica.

Pode ter sido a fraude nas eleições presidenciais (apontada pela Aliança Liberal), ou o assassinato do paraibano João Pessoa, vice na chapa de Getúlio ou a insatisfação geral da população com o Governo que só governava para os cafeicultores.

Qualquer que fosse a razão mais imediata, por cima dela estava a incapacidade da oligarquia rural de perceber que seu sistema havia se exaurido e o país não cabia mais naquela velha e desbotada roupa republicana.

Tão logo assume, Getúlio dissolve o Congresso, destitui os governadores e nomeia interventores de sua confiança (muitos tenentes) nos Estados. Ainda em novembro cria dois novos ministérios, um deles o do Trabalho (entregue ao gaúcho Lindolfo Collor, avô do futuro presidente Fernando Collor), que revela suas preocupações em regular as relações entre patrões e empregados.

Evidente que as elites paulistas, "donas" da Velha República, não se conformam com a nova ordem imposta por gaúchos e mineiros e em julho de 1932 partem para o contra-golpe no que chamam de Revolução Constitucionalista. Não conseguem a adesão de um único Estado da federação e resistem por dois meses.

Getúlio convoca uma Assembléia Constituinte e em 1934 promulga uma nova Carta Magna em substituição à de 1891. Ela institui o voto secreto, extensivo às mulheres, cria os institutos previdenciários e estabelece o salário mínimo, calculado sobre o valor da cesta básica.

Vale dizer que Getúlio não abandona os cafeicultores. Em 1933 cria o Departamento Nacional do Café e a pedido dos fazendeiros queima sacas e cafezais para valorizar o produto. Em 1937 o Governo faz uma fogueira com 20 milhões de sacas.

Apesar dos esforços do Governo, a crise do café não se resolve e faz com que muitos fazendeiros reduzam a produção, aumentando com isso a migração para as cidades grandes em acelerado processo de industrialização. De 1930 a 1937 a indústria cresce 52%, aproveitando-se também da mão-de-obra barata que chega do interior.

No Nordeste os novos tempos varrem com os bandos de cangaceiros que ganharam fama a partir da Grande Seca de 1877, "tirando dos ricos para dar aos pobres". Lampião é morto pela polícia em 1938 e Corisco, seu sucessor, se suicida em 1940. O cangaço chega ao fim.

O país se desenvolve com o Estado intervindo em tudo e os comunistas formam a Aliança Nacional Libertadora com outros grupos de esquerda, exigindo a reforma agrária, a suspensão do pagamento da dívida externa, a instalação de um governo popular e democrático...

Em 1935 o Governo extingue a tal Aliança (ANL) e inicia uma forte campanha anticomunista. Os comunistas contra-atacam com sua Intentona, um arremedo de revolta mal coordenada que resulta apenas em prisões, torturas e mortes em Natal, Recife e Rio de Janeiro.

O mundo vive uma fase de valorização das ideologias com o socialismo na União Soviética, o crescimento do nazismo na Alemanha e do fascismo na Itália. No Brasil o nazi-fascismo atende pelo nome de Integralismo. Getúlio joga-o contra o Comunismo.

Os integralistas são de alguma forma responsáveis pelo golpe de 1937 que institui o Estado Novo. Eles elaboram um documento falso denunciando uma subversão comunista (Plano Cohen) no país. Disso se aproveita o Governo, para continuar Governo.

Todos os golpes de Estado têm uma boa justificativa e com esse não é diferente. Getúlio justifica o golpe como uma necessidade para fortalecer o regime e concretizar os interesses da nação. Em novembro de 1937 ele mais uma vez fecha o Congresso e outorga uma nova Constituição chamada de Polaca e elaborada pelo jurista Francisco Campos.

O surpreendente é que não houve qualquer resistência ao golpe, mesmo depois de constatado que a nova Carta Magna inspirou-se na Constituição fascista da Polônia. Ela restringe as atribuições do Judiciário, diminui a autonomia de Estados e municípios e estabelece a censura prévia.

Cheio de poderes, Getúlio perde a cerimônia e manda pro pau: reprime manifestações contra o Governo, dissolve os partidos políticos e cria o Departamento de Imprensa e Propaganda (DIP), que opera a censura à imprensa e a propaganda oficial.

Getúlio é um presidente preocupado com a comunicação de massas e subordina o DIP ao seu gabinete. Francisco Campos declara na época: "hoje é possível transformar a pacata opinião pública em um estado de alucinação coletiva".

O rádio (a TV da época) é usado à exaustão pela propaganda oficial ao lado da música popular brasileira, já um sucesso entre as camadas mais baixas da população (as mais altas preferem a música norte-americana). Os compositores são obrigados a submeter seu trabalho à censura prévia e apenas em 1940 são vetadas 373 letras de música.

Os regimes porém não têm apenas um lado, e de 1932 a 1939 o número de escolas primárias aumenta de 27 mil para 40 mil. Cresce também o número de bibliotecas e universidades, entre elas a de São Paulo (USP), fundada em 1934. A partir de 1940 surgem a Cia. Vale do Rio Doce, a usina de Paulo Afonso, a Fábrica Nacional de Motores (onde nascem os "fenemês"), a Cia. Siderúrgica Nacional, construída em parte com dinheiro vindo dos Estados Unidos.

Estoura a Segunda Grande Guerra e o Governo brasileiro logo revela suas simpatias pelo nazi-fascismo; depois opta pela neutralidade e somente em 1942 declara guerra aos países do Eixo (Alemanha, Itália, Japão). É o bastante para que comecem as manifestações pela redemocratização.

Cresce a oposição ao regime e Getúlio, tentando se manter, toma uma série de medidas para atrair o povão e a classe média. Promulga a Consolidação das Leis do Trabalho (inspirada na Carta del Lavoro, fascista) e promete a redemocratização para depois da guerra.

Getúlio autoriza a organização de novos partidos (UDN, PSD, PTB, entre outros) e marca eleições para dezembro de 1945, mas as elites políticas e militares suspeitam que ele manobra para continuar no poder com o apoio dos queremistas (seus partidários que vivem aos gritos de "Queremos Getúlio!") e dos comunistas, que após a anistia voltam às boas com o Governo.

Enfraquecido, sob pressão dos Estados Unidos, cercado de desconfianças pelas elites, pelos militares e pelos dois candidatos à presidência, já em campanha (brigadeiro Eduardo Gomes e general Eurico Dutra, ministro da Guerra do próprio Governo), Getúlio é deposto em 29 de outubro de 1945 pelas Forças Armadas, tendo à frente os generais Dutra e Góis Monteiro, que o apoiaram por mais de dez anos.

12

O Senta-levanta Presidencial

Os militares, como se vê, vêm golpeando o país desde a Proclamação da República. De início por se julgarem aptos e fortes para governá-lo; depois, com o Tenentismo, em reação à corrupção das elites políticas. A deposição de Getúlio traz uma nova razão: a "ameaça comunista" e o pavor dos movimentos populares.

Deposto Getúlio, as classes dominantes costuram o organismo nacional como se nada tivesse acontecido e seguem em frente: assume o presidente do Supremo Tribunal Federal, José Linhares, que fica no poder o tempo necessário para dar a partida nas eleições presidenciais em dezembro de 1945.

O general Eurico Gaspar Dutra vence com 55% dos votos (Yedo Fiuza, candidato comunista, fica com 9,83%) e trata de promulgar mais uma Constituição (a quinta) restabelecendo a democracia, mas mantendo os analfabetos — a maioria da população — longe das urnas.

Apesar do caráter dito liberal da nova Carta Magna, no ano seguinte à sua promulgação (1947) o Partido Comunista é posto na ilegalidade (e só voltará à superfície em 1985 no governo Sarney). Seus parlamentares, um senador — Luís Carlos Prestes — e 14 deputados federais, entre eles o escritor Jorge Amado, eleito por São Paulo, têm seus mandatos cassados.

Explica-se a atitude do Governo: uma nova guerra, fria, está começando entre o bloco socialista e o mundo capitalista. A campanha contra o comunismo chega às raias da loucura nos Estados Unidos, liderada pelo senador Joseph McCarthy (pai do macartismo).
No Brasil, Dutra cria a Escola Superior de Guerra, centro de estudos sobre Segurança Nacional e fonte de pregação anticomunista.

O Brasil rompe relações com a URSS (1947) e o Governo se abre (mais ainda) para o capital estrangeiro, facilitando a instalação de empresas que levam à falência as similares nacionais e liquidando com as reservas do país acumuladas durante a Segunda Guerra.

O Governo libera geral as importações e a presença norte-americana no país lembra a dos ingleses nos tempos do Império (em maiores proporções, é claro). Aprofunda-se um processo de colonização cultural (em curso até hoje) que vai do aspirador de pó às histórias em quadrinho.

Na eleição de 1950 o liberalismo de Dutra dá lugar ao nacionalismo de Getúlio Vargas, que volta ao poder, eleito por larga margem de votos. Ele cria a Eletrobrás, a Petrobrás, o Banco Nacional de Desenvolvimento, combate a remessa de lucros, incentiva a atuação dos sindicatos e recusa-se a mandar tropas brasileiras para a guerra da Coréia.

O país transforma-se com a industrialização. Surge a televisão (1950), cresce a classe média, aumentam as greves de trabalhadores e os interesses econômicos contrariados começam a se mexer. Os Estados Unidos reduzem drasticamente as importações de café. A imprensa bate no Governo sem parar.

Com sua política a favor dos trabalhadores (dita populista), Getúlio compra inúmeras brigas a começar pelas multinacionais do petróleo. A 1.º de maio de 1954 o ministro do Trabalho, João Goulart, aumenta o salário mínimo em 100%, contrariando as elites econômicas que já se articulam para depor o presidente.

A queda de Vargas é iminente e espera apenas por um bom pretexto que vem em agosto de 1954, quando membros da sua guarda pessoal atentam contra a vida do jornalista Carlos Lacerda, o Corvo. No dia 23 de agosto os militares repetem 1945 e mais uma vez exigem a renúncia do presidente da República.

Getúlio suicida-se em 24 de agosto, não sem antes escrever sua carta-testamento em que acusa as elites econômicas de "sufocar minha voz". É substituído pelo vice Café Filho, que é substituído por Carlos Luz, presidente da Câmara dos Deputados, que é substituído por Nereu Ramos, presidente do Senado.

Carlos Luz permanece apenas quatro dias na chefia do Governo. O general Henrique Lott, ministro da Guerra, desconfiado de que ele — articulado com setores da Marinha e Aeronáutica — não pretende dar posse ao novo presidente eleito, retira-o do trono. Na verdade Lott perpetra um golpe para evitar outro golpe.

Um parêntese: a queda de Getúlio não é um ato isolado no contexto político latino-americano. No mesmo ano é derrubado outro presidente nacionalista, Jacobo Arbenz, da Guatemala, e no ano seguinte cai Juan Domingo Perón, na Argentina. Uma sucessão de golpes militares vai consolidando os interesses norte-americanos na região.

Em 31 de janeiro de 1956, Nereu Ramos entrega a faixa presidencial a Juscelino Kubitschek, eleito com 36% dos votos contra 30% dados ao general Juarez Távora, um ex-tenente. O novo presidente estabelece um ambicioso plano de realizações.

Entre 1956 e 1960 o Brasil alcança taxas espetaculares: a indústria cresce em 80% e o produto interno expande-se a uma média de 7% ao ano. Mas nem tudo são flores: as Ligas Camponesas se espalham pelo Nordeste (elas surgem em 1955 em Pernambuco, sempre Pernambuco), a dívida externa assume proporções estratosféricas, a moeda desvaloriza-se e a inflação galopa entre preços e salários.

São tempos de otimismo, tranqüilidade política (relativa), mudanças culturais (surge a bossa-nova) e realizações econômicas (nasce o Fusca). A construção de Brasília traz seus benefícios mas isola definitivamente as elites políticas do povão, segregado nas cidades-satélites.

A partir da Conferência das Nações "Não-Alinhadas" em 1955 em Bandung, Indonésia, populariza-se a expressão Terceiro Mundo, países pobres que não aceitam o alinhamento automático com o capitalismo desenvolvido (Primeiro Mundo) nem com o socialismo (Segundo Mundo). O Brasil, enfim, se descobre um país subdesenvolvido.

Em janeiro de 1961, após derrotar o marechal Henrique Lott nas urnas, toma posse Jânio Quadros, um fenômeno eleitoral. João Goulart que já fora vice de Juscelino permanece em seu segundo mandato como vice-presidente de Jânio.

Jânio não esquenta o trono. Tão contraditório quanto a classe média que o elegeu, desvaloriza artificialmente o cruzeiro (para conter a inflação) ao mesmo tempo em que proíbe brigas de galo e biquínis nas praias. Em 19 de agosto resolve condecorar o ministro e líder da Revolução Cubana, Ernesto Che Guevara, com a Ordem do Cruzeiro do Sul.

Jânio, que já acumulava críticas do Congresso e dos sindicalistas (por ter congelado os salários), ganha também a oposição das Forças Armadas e dos Estados Unidos, que consideram a homenagem ao ministro um gesto de apoio a Cuba. Menos de uma semana depois do encontro com Guevara, Jânio renuncia à presidência da República.

Tem início uma nova novela. Com a saída de Jânio — que ficou oito meses no trono — deve assumir o vice, um político olhado com desconfiança pelas elites. Assustados com a Revolução Cubana em 1959 e a presença comunista no hemisfério, os militares tentam impedir a posse de João Goulart, o Jango.

Jango encontra-se na China Popular (logo onde!). Assume interinamente o paulista Ranieri Mazzilli, presidente da Câmara dos Deputados, enquanto no Rio Grande do Sul o governador Leonel Brizola, casado com uma irmã de Jango, bota a boca no trombone para garantir a posse do vice.

Dia 2 de setembro de 1961 o país do jeitinho encontra a solução: é só emendar a Constituição instituindo o parlamentarismo que reduz os poderes do presidente da República. Jango toma posse tendo Tancredo Neves como seu primeiro-ministro (serão três).

Goulart não trai sua biografia e apesar das dificuldades impostas pelo Congresso, pelos sindicatos (foram 128 greves em 1962 e 149 no ano seguinte) e pela campanha sem trégua da imprensa, recupera seus poderes em 1963 por meio de um plebiscito popular que rejeita o parlamentarismo de forma esmagadora.

O presidente executa uma política nacionalista. Defende a aplicação da Lei de Remessa de Lucros, a nacionalização das empresas estrangeiras, o voto do analfabeto e elabora um programa de Reformas de Base para o país.

As classes dominantes reagem e aprofunda-se a radicalização política. De um lado, sindicatos, estudantes, intelectuais, partidos de esquerda; do outro, empresários, fazendeiros, militares, partidos de "centro" (não há partidos de direita no Brasil), e por trás deles, como sempre, os Estados Unidos, traumatizados com um regime comunista a menos de 100 quilômetros de sua costa.

Como ocorreu com Getúlio em 1954, a queda de Jango aguarda por um pretexto que vem no seu encontro com sargentos e suboficiais na sede do Automóvel Clube no Rio de Janeiro em 30 de março de 1964. No dia seguinte os generais botam os tanques nas ruas.

Jango enfim utiliza sua passagem para o Uruguai (via Porto Alegre), onde se exila em 4 de abril. Em Brasília a presidência é entregue mais uma vez ao deputado Ranieri Mazzilli, presidente do Congresso, que passa duas semanas no cargo.

O país fecha mais um ciclo. Nos 19 anos (de 1945 a 1964) que vão da deposição de Getúlio no Estado Novo à queda de Jango, o Brasil soma dez presidentes da República. Deles, somente dois — o general Dutra e Juscelino Kubitschek — cumpriram o mandato integral.

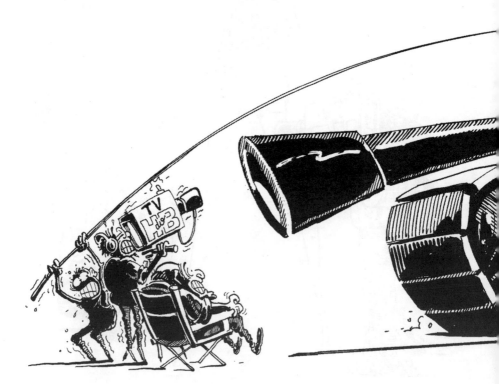

CAPÍTULO

13

A "Revolução" Capitalista

Uma Junta formada pelos três ministros de Jango assume o país e em 9 de abril de 1964 promulga o Ato Institucional (que se pretende único), atribuindo poderes excepcionais ao Governo e entre outras coisas suspendendo por seis meses as garantias constitucionais.

No dia 11 de abril a Junta Militar indica o marechal Castello Branco, chefe do Estado Maior do Exército e líder da Revolução (se você está à direita; ou Golpe, se estiver à esquerda), para presidente da República. Castello é eleito pelo Congresso Nacional por 361 votos a favor e três contra.

Tem início a caça às bruxas: prisões, perseguições, aposentadorias compulsórias, intervenções em sindicatos e diretórios estudantis (em outubro de 1964 a UNE — União Nacional dos Estudantes — é posta na ilegalidade). São demitidos 10 mil funcionários públicos; são cassados 378 em seus direitos políticos (entre eles 55 membros do Congresso Nacional); são instaurados cinco mil inquéritos envolvendo 40 mil pessoas.

Os militares chamam o golpe de revolução e subvertendo a ordem constitucional dizem que os subversivos são os outros. Em meio a esse discurso esquizofrênico, o Governo anula as reformas de João Goulart e, de cara, libera a remessa de lucros das empresas estrangeiras para o exterior.

Aplaudidos por sua pequena mas ruidosa torcida, os militares acreditam que estão dando ibope e deixam correr soltas (e diretas) as eleições para governador em 1965. Surpreendidos com a vitória da oposição em Minas e no Rio de Janeiro, eles decretam o Ato Institucional n.º 2 e acabam com os partidos políticos (que serão substituídos por Arena e MDB, criados artificialmente).

O regime militar segue golpeando o processo político para ajustá-lo às suas conveniências. Depois do AI-2 vem o AI-3, que torna indireta a eleição para governador, e o AI-4, que convoca o Congresso para aprovar a nova Constituição de 1967.

O Governo caminha de mãos dadas com os Estados Unidos (rompe relações com Cuba em 1964, manda tropas à República Dominicana em 1965) e assim vai conseguindo renegociar a dívida externa e o apoio financeiro para retomar o crescimento econômico.

Surge a correção monetária — sob inspiração do ministro do Planejamento —, a mais perversa invenção brasileira de todos os tempos. Indexando (ou corrigindo) a inflação, ela vai fazer com que ao longo de 30 anos o país se torne um dos mais injustos do mundo na distribuição de rendas.

Nosso regime militar institui uma novidade: o "golpe a rodízio", e em 1967 ascende à presidência o general Artur da Costa e Silva. Com os sindicatos sob intervenção e os partidos políticos extintos, os estudantes assumem a luta contra o Governo. Pipocam protestos e manifestações por todo o país, entre elas a Passeata dos Cem Mil, em julho de 1968, no Rio de Janeiro.

Com o AI-5 o regime vai fundo e exclui toda a sociedade civil do processo político (além das camadas populares, já excluídas).
O Governo perde os últimos escrúpulos, fecha o Congresso e assume a ditadura explícita. A ele tudo é permitido.

Costa e Silva implanta a reforma universitária, resultado do acordo MEC-Usaid (agência norte-americana de desenvolvimento) assinado em 1965, e cria o Mobral para alfabetizar os adultos. O regime militar desmantela o ensino público e passa a valorizar a educação paga.

Em agosto de 1969, Costa e Silva adoece e deixa a presidência. A Constituição é clara na ascensão do vice, mas como trata-se de um civil (Pedro Aleixo), volta ao poder uma Junta Militar com os ministros de sempre (Exército, Marinha, Aeronáutica). É o golpe dentro do golpe.

O Congresso, fechado há dez meses ("em recesso", como se dizia), é reaberto com menos 93 deputados, cassados, para entronizar o general Emílio Garrastazu Médici, "eleito" apenas pelos parlamentares da ARENA, partido da Situação. Começa um período de repressão brutal, com prisões, mortes, torturas, aos grupelhos de Esquerda que recorrem à luta armada.

A guerrilha urbana que em 1970 seqüestra os embaixadores da Suíça e da Alemanha (o dos Estados Unidos foi seqüestrado em 1969) é desarticulada pelas organizações do Exército (DOI e Codi à frente) e se desloca para o campo. No sudoeste do Pará, a guerrilha do Araguaia resiste por dois anos. Para liquidá-la (são cerca de 70 guerrilheiros) o Governo mobiliza 20 mil homens em três expedições. Na época, com a imprensa censurada, ninguém toma conhecimento do fato.

Médici inicia uma fase de propaganda ufanística ("Ninguém segura esse país") apoiando-se na conquista da Copa do Mundo e na expansão da economia. Nosso "Milagre Econômico" sensibiliza grandes parcelas da classe média que, com acesso fácil às linhas de crédito, esquecem a face oculta do regime.

O crescimento do país, que irá até 1973, faz-se em cima das exportações, do arrocho salarial e do capital internacional, mas deve-se sobretudo à ação do Estado, que planeja a economia e tudo controla: poupança, créditos, impostos, etc. …

Por esses tempos as Bolsas de Valores do Rio de Janeiro e de São Paulo registram os maiores volumes de negócios de sua história. O mercado vai se definindo e fica claro que uma das razões do golpe militar é o fortalecimento do nosso sistema capitalista (para desestimular, inclusive, aventuras esquerdistas). A sociedade de consumo se faz com 20% da população nacional.

São tempos de euforia e ninguém se preocupa, nem Governo, nem as elites, quando os árabes aumentam o preço do petróleo e os bancos internacionais elevam as taxas de juros. Países conseqüentes botam o pé no freio, mas o Brasil vai em frente emitindo moeda e pegando empréstimos e mais empréstimos.

Março de 1974: sai o general Médici, entra o general Ernesto Geisel prometendo abertura política (lenta e gradual). Começa uma briga de cachorro grande com os militares favoráveis à "fechadura" que culmina com duas mortes nas dependências do DOI-Codi (Destacamento de Operações de Informações - Centro de Operações de Defesa Interna) de São Paulo.

O modelo econômico dá sinais de esgotamento e a classe média, que regula o regime pelo bolso, se bandeia para a Oposição. Nas eleições de 1974 o MDB totaliza mais votos que a ARENA e emplaca 16 senadores contra 5 do partido da Situação.

O governo dá marcha-a-ré na abertura e lança o Pacote de Abril, mudando as regras para as eleições de 1978. Entre outras medidas e emendas (constitucionais) o Pacote cria o "senador biônico" que, eleito indiretamente, permite ao governo manter maioria no Congresso.

Chega ao poder o general João Baptista Figueiredo (1979) prometendo fazer deste país uma democracia e revoga os atos institucionais (já propostos por Geisel). Nos dez anos de vigência do AI-5, a Censura proibiu cerca de 400 peças de teatro, 200 livros e milhares de músicas.

Figueiredo assina a lei da Anistia (restrita), restabelece as eleições diretas (menos para presidente) e permite a criação de novos partidos (que dividem a Oposição). A ARENA vira PDS e o MDB fraciona-se em PMDB, PDT, PTB e PT... Mesmo com restrições, as medidas representam um avanço na direção da redemocratização.

Explodem bombas na Câmara Municipal do Rio de Janeiro, na OAB-RJ e no Riocentro, durante um *show* de Primeiro de Maio (1981), em atentados promovidos por radicais de direita contra o processo de abertura. Nada é apurado.

OU REDEMOCRA

OU APURAMOS OS RESPONSÁVE PELOS ATENTADOS,,

Depois das eleições diretas para governador em 1982 — as primeiras desde 1966 — entra em campo a campanha das "Diretas Já" para a eleição presidencial de 1984. As manifestações inundam ruas e praças das principais cidades do país.

Nunca houve uma campanha cívica semelhante em toda a história do país. Mesmo assim, a emenda Dante de Oliveira (nome do deputado que a propôs) não alcança os 2/3 de votos necessários à sua aprovação no Congresso. São 298 votos a favor, 65 contra, três abstenções e 112 parlamentares ausentes da votação.

Confirmada a eleição indireta, o PMDB indica Tancredo Neves, governador de Minas, e a Situação (PDS) se divide entre Paulo Maluf e o coronel Mário Andreazza. Alguns políticos governistas se aproveitam do racha, fundam o PFL — Partido da Frente Liberal — e compõem com a Oposição.

Tancredo é eleito com 480 votos contra 180 dados a Paulo Maluf, em janeiro de 1985. Por coincidência, a soma dos 65 parlamentares que votaram contra as diretas, mais as três abstenções, mais os 112 que se escafederam do Congresso totalizam 180 votos: Tancredo é o primeiro presidente civil desde a eleição de Jânio Quadros em 1960, mas não toma posse. Hospitalizado na véspera, morre 38 dias depois em São Paulo.

Num balanço dos 21 anos de governo militar constata-se que o Brasil tornou-se uma sólida economia de mercado, elevando-se à condição de oitava potência do mundo em capacidade produtiva.

No entanto, ao largar o poder os militares deixam o país entre os campeões mundiais da desigualdade social e econômica (sem falar da inflação, dívida externa, entulho autoritário, etc.). Foram mais de duas décadas governando para as elites.

De qualquer forma, o Brasil retorna aos trilhos da democracia formal. Já é possível vê-la no fim do túnel.

CAPÍTULO

14

A Nova Velha República

Assume a presidência o vice José Sarney empunhando o estandarte da Oposição. Durante 20 anos o maranhense Sarney se alinhou com os militares, chegando a ocupar a presidência do PDS (partido da ditadura), até se bandear para o PMDB na antevéspera da eleição.

O regime militar que impedira as eleições diretas, preocupado com que o país caísse nas mãos de algum esquerdista, não poderia pretender transição mais conservadora.

O novo presidente começa a governar um país desgovernado por uma grave crise econômica e, o que é pior: cercado por um ministério escolhido pelo finado Tancredo Neves.

Sarney conclui a abertura política com a revogação das leis de exceção. São restabelecidas as eleições diretas para presidente, o direito de voto, enfim, chega ao analfabeto e são legalizados os partidos tidos como subversivos, entre eles o Partido Comunista.

O Governo abre politicamente e fecha economicamente. Com a inflação em torno de 25% ao mês, o país acorda em 28 de fevereiro de 1986 com uma nova moeda e três zeros a menos. É decretado um plano de estabilização econômica, o Plano Cruzado.

Sob a batuta de Dílson Funaro, ministro da Fazenda (já escolhido por Sarney), o Plano estabelece algumas medidas, como a criação do seguro-desemprego, o fim da correção monetária e o mais importante de tudo…

O plano é bem-elaborado, a inflação cai, no início há até deflação, mas depois de alguns meses volta tudo a ser como antes. A elite econômica, que deitou e rolou nos tempos da ditadura, não se acostuma à camisa-de-força imposta ao mercado e torpedeia o projeto de estabilização.

O Governo insiste e decreta mais três planos econômicos, o último com Maílson da Nóbrega, quarto ministro da Fazenda de Sarney. Os planos porém não se sustentam e o país fecha 1989 com uma inflação anual de 1.764,87%.

A passagem da Ditadura para a Democracia, tão aspirada e decantada por intelectuais, classe média e elite econômica (nos últimos suspiros do regime militar) não traz qualquer melhoria à vida do povo que, sem poupança para corrigir a inflação (cada vez maior), vê seu salário desaparecer rapidamente.

Fevereiro de 1987: é instalada a Assembléia Constituinte, convocada por Sarney, que promulgará a nova Constituição (oitava) em outubro de 88. Apesar de avanços isolados nas questões trabalhistas, as forças conservadoras se impõem através de seu grupo parlamentar, o Centro Democrático, também conhecido como Centrão.

A Constituição reduz o mandato presidencial de seis para cinco anos. Ela vem com 245 artigos e 70 disposições transitórias (a mais extensa de todas) e permanece inconclusa pois vários de seus artigos (mais de 100) necessitam de leis complementares que nunca foram votadas pelo Congresso. Mesmo assim em 1993 será feita uma reforma constitucional reduzindo o mandato presidencial de cinco para quatro anos (mexe-se no que interessa, não?).

Em 1989 o país se reencontra com as primeiras eleições diretas para presidente em 29 anos. O número de candidatos chega a 21 (um recorde!) e logo Fernando Collor, ex-governador de Alagoas, dispara nas pesquisas se apresentando como um "caçador de marajás".

Candidato do Partido da Reconstrução Nacional (criado por ele e para ele), Collor vence Luís Inácio Lula da Silva no segundo turno (17 de dezembro). A eleição é decidida na adesão das elites econômicas que sem opção endossam a candidatura do "caçador".

PELOS, EMPRESÁRIOS...

...E PELOS DESCAMISADOS!

É uma contradição (aparente) que a maioria do eleitorado (68%), que nem concluiu o primeiro grau e vive com uma renda inferior a dois salários mínimos, eleja o candidato das elites. A explicação vem pelo viés do atraso (falta de Educação) combinado com a influência (fundamental) da televisão.

VOU VOTAR NO BONITÃO!

EU TAMBÉM... O BARBUDO É POBRE! ...E POBRE JÁ BASTA NÓS!

Collor assume em março de 1990 e anuncia seu plano econômico (a inflação de fevereiro bateu em 75%), que entre outras coisas seqüestra a poupança, congela preços e salários e traz de volta o cruzeiro como moeda nacional. Imóveis, veículos e aviões do Governo são postos à venda.

Seis meses depois a inflação volta a subir e o plano começa a fazer água (como todos os outros). Collor elabora um segundo plano que também fracassa diante da forte oposição popular e empresarial.

O presidente é um neoliberal que tenta modernizar a economia (chama nossos carros de carroças) com um programa de privatizações e a "abertura dos portos" às importações. Alguns setores das elites resistem às mudanças e Collor começa a bater duro no empresariado.

Não é segredo para ninguém que o capitalismo tupiniquim só fez aumentar, desde sempre, o fosso que separa ricos de pobres. Um relatório do IBGE informa sobre a participação da população na renda nacional: os 50% mais pobres ficam com 10,4% enquanto os 5% mais ricos detêm 33,4% da renda.

A imprensa começa a denunciar a corrupção no Governo, crescem as manifestações contra Collor, que, julgado pela Câmara, acaba deposto (*impeachment*). O presidente sai do Governo aparentemente escorraçado pela sociedade, mas por trás, invisível, está o dedo das elites.

Em dezembro de 1994,
o Supremo Tribunal Federal
absolve Fernando Collor
por falta de provas.

Mais uma vez assume um vice-presidente, o mineiro Itamar Franco. É curioso registrar que nenhum dos três últimos presidentes civis da República chegou ao final do seu mandato.

Itamar Franco, um nacionalista à moda antiga, vai administrar a herança econômica deixada por seu antecessor e em menos de seis meses muda quatro ministros da Fazenda. O quarto é o senador Fernando Henrique Cardoso, que chefiava o ministério das Relações Exteriores.

Outubro de 1993: um grande escândalo explode no Congresso, que abre uma CPI (Comissão Parlamentar de Inquérito) para apurar denúncias de que parlamentares desviam dinheiro do Orçamento da nação para seus bolsos.

Após reunir cinco toneladas de provas a CPI pede a cassação de mandato de 18 parlamentares. Oito são absolvidos (alguns através de manobras políticas) e dos dez acusados, quatro escapam pela larga porta da renúncia. O dinheiro nunca foi devolvido à nação.

Com a inflação nas alturas — em 1993 quebra o recorde nacional acumulando 2.567,46% ao ano — Fernando Henrique institui um novo plano econômico que, diferente dos anteriores, não golpeia a sociedade, não rompe as regras do mercado e leva dois anos para se concretizar.

Inflação em baixa, Fernando Henrique deixa o ministério e se lança às eleições presidenciais de 1994 pelo seu partido, PSDB (dito de centro-esquerda), disputando com sete candidatos, entre eles, mais uma vez, Luís Inácio Lula da Silva, do PT.

Fernando Henrique, sociólogo, ex-marxista, exilado nos anos da ditadura, vence no primeiro turno com 54,3% dos votos válidos, fazendo um caminho inverso ao de Sarney em 1985, ou seja: junta-se aos antigos aliados do regime militar (abrigados no PFL).

No poder, Fernando Henrique mantém sua aliança com a direita (PFL), revela-se um neoliberal e desenvolve um projeto para o país apoiado na privatização e na globalização. O salário mínimo, contudo, continua mínimo e as sempre urgentes questões sociais são mais uma vez postergadas.

O povo brasileiro, no entanto, avaliza, através de seus representantes no Congresso, o Governo FHC, concedendo-lhe o direito de se reeleger. O mandato do presidente da República, que aumentou para seis anos no Governo Figueiredo, passou para cinco no Governo Sarney, caiu para quatro no Governo Collor, pode chegar, a partir de 1997, a oito anos. A emenda da reeleição, na primeira votação na Câmara dos Deputados, é aprovada por maioria esmagadora: 336 votos a favor, 17 contra e seis abstenções.

Após cinco séculos de História, o Brasil permanece um feudo das elites que dançam sobre a Constituição no ritmo dos seus interesses (ver quadro anterior). Guardadas as devidas proporções o povão continua vivendo nos tempos da Colônia, sem terras, sem Saúde, sem Educação, sem Habitação, sem Justiça, sem Transportes, sem dignidade...

É verdade que o Plano Real reduziu a inflação e assim redistribuiu uma fração da riqueza nacional, elevando o poder de compra dos trabalhadores. Os números da ONU, porém, continuam exibindo o Brasil como o país de maior concentração de rendas em todo o mundo (e, por conseqüência, de menor justiça social). O Governo promete reformas para melhorar as condições de vida dos deserdados.

No momento em que se interrompem as gravações, um olhar sobre os capítulos já gravados permite concluir que o país só será grande (e tem tudo para ser) no dia em que for descoberto por todos os brasileiros. Por enquanto — e desde que Cabral aportou na Bahia — a maioria restringe-se ao papel de figurante, no fundo do cenário, sem a menor idéia dos próximos capítulos da sua própria História.